KB269993

닥터 지바고

Dr. Zhivago

보리스 파스테르나크

다락원 | Spark Publishing

SPARKNOTES™ 035

닥터 지바고

펴낸이 정규도
펴낸곳 (주)다락원

초판 1쇄 인쇄 2010년 11월 11일
초판 1쇄 발행 2010년 11월 18일

책임편집 안창열
디자인 정현석
번역 마도경
표지삽화 손창복

다락원 경기도 파주시 교하읍 문발리 509-1
내용문의: (031)955-7272(내선 400)
구입문의: (02)736-2031(내선 112~114)
Fax:(02)732-2037
출판등록 1977년 9월 16일 제300-1977-23호

값 7,000원

ISBN 978-89-277-1984-7 43740

세계의 교양을 읽는다

고전을 왜 읽는가?

인간의 삶과 세상에 대한 영원한 물음이 있기 때문이다. 시대와 사상을 뛰어넘어 지금 여기 우리에게 필요한 물음이 없는 고전은 더 이상 고전이 아니다. 인간과 삶에 대한 근원적인 물음 없이 고전을 읽는다면 자신과 인간에 대한 성찰과 지혜로 이어지지 않는다. 논술 시험 때문에, 과제물 때문에, 아니면 남들이 읽으니까, 나도 읽는다는 식이라면 그 책은 죽은 책일 수밖에 없다.

고전을 살아 있는 책으로 만드는 이 '물음!'에 답하기 위해서는 좋은 길잡이가 필요하다. 오랜 기간 동안 미국의 고교생과 대학 주니어들이 시험, 에세이 작성, 심층토론 준비를 위해 바이블처럼 애용해온 'SPARKNOTES'와 'CliffsNotes'는 바로 그런 좋은 길잡이의 표본이다.

SPARKNOTES와 CliffsNotes의 가장 큰 장점은 방대하고 난해한 고전을 Chapter별로 요약하고 분석해서 원전의 내용에 보다 쉽고 체계적으로 접근하는 신속·간편성이라고 할 수 있다.

대입논술로 고민하고, 자칭 타칭의 고전이 넘쳐나는 오늘의 독서 풍토에서 지적 정복이 긴박한 대한민국 학생들에게 감히 이 시리즈를 자신있게 권한다.

—以貫之 논술연구모임 연구실장 이호곤

차례

이 책의 구성

SPARKNOTES와 CliffsNotes는 방대하고 난해한 원작을 보다 쉽게 이해할 수 있도록 돕는 안내서입니다. 여기에는 원작 이해를 돕기 위해 매 장마다 '요점 정리(또는 줄거리)'와 '풀어보기'가 실려 있습니다. '요점 정리(또는 줄거리)'에는 원저의 내용을 일목요연하게 정리해 놓아 저자가 전달하려는 내용을 어렵지 않게 파악할 수 있습니다. '풀어보기'에서는 철학서의 경우, 원저에 담긴 저자의 사상이나 관련 철학, 시대 상황, 논점 등을, 문학 작품인 경우에는 원작에 담긴 문학적 경향, 등장인물의 심리상태, 주제 등을 설명해 놓았습니다. 분석적이고 비판적인 글읽기의 바탕이 되는 요소들이죠. 비소설이나 소설을 막론하고 분석적이고 비판적인 글읽기는 독자에게 꼭 필요한 자질입니다.

그밖에도 원저를 좀더 깊이 복습해서 제대로 소화할 수 있도록 돕기 위해 'Study Questions'와 'Review Quiz' 등을 마련해 놓았습니다.

* 〈 〉는 철학서, 장편소설, 중편소설, 수필집, 시집. "   "는 단편소설, 논문
* 작품명은 독자의 이해를 돕기 위해 예외적인 경우를 제외하고는 영어식으로 표기함.

간추린 명작 노트

　시인이자 소설가로서도 유명한 보리스 레오니도비치 파스테르나크 Boris Leonidovich Pasternak는 1890년 모스크바에서 태어났다. 아버지는 유명한 화가요 어머니는 피아니스트였고, 모두 유태인이었다. 그의 가족은 레오 톨스토이* 같은 유명한 작가들과 교제하며 예술계에서 활발하게 교분을 쌓았다. 파스테르나크는 원래 음악을 전공했으나 1912년부터 철학을 공부하기 시작했고, 1년 후에는 철학을 포기하고 시 창작에 전념했다.

　그는 1921년과 1934년, 두 차례 결혼했다. 1930년대에는 러시아의 많은 예술가들처럼 스탈린 정권의 핍박을 받았으며, 작품 출간이 어려워지자 셰익스피어 희곡을 비롯한 다른 언어권의 문학 작품들을 번역하는 일에 전념했다. 대개 그의 최고 걸작으로 간주되는 유일한 장편소설 〈닥터 지바고 Dr. Zhivago〉는 러시아의 10월 혁명과 인민들을 비방했다는 이유로 국내 발표가 허락되지 않았기 때문

---

* **레오(레프) 톨스토이**(Leo Nicolaevich Tolstoy/ Lev Nikolaevich Tolstoi, 1828-1910): 러시아 소설가, 시인, 사상가. 1890년대 후반에 죽음에 대한 공포와 삶에 대한 회의 때문에 괴로워하다가 원시 기독교에 복귀할 것을 주장하면서 러시아정교회와 사유재산제도를 비판하고 종교적 인도주의인 톨스토이즘을 일으켰다. 주요 작품은 〈전쟁과 평화〉, 〈안나 카레니나〉 등.

에 1957년 이탈리아에서 처음 출판되었다. 이듬해에는 노벨 문학상 수상작으로 선정되었지만 소련작가동맹이 저자를 제명하고 국외추방 운동을 벌이자, 파스테르나크는 '제가 속한 사회에 수여하는 이 상의 의미를 곰곰이 새긴 끝에' 수상을 거부할 수밖에 없었다. 그 후 흐루시초프에게 "조국을 떠나는 것은 내게 죽음을 의미하니 선처를 바란다"는 취지의 탄원서를 보내 추방은 면했으나, 모스크바 근교의 작가촌에서 외롭게 사실상의 유배생활을 하다가 1960년, 70세를 일기로 세상을 떠났다. 1987년, 작가동맹은 파스테르나크의 복권과 〈닥터 지바고〉의 출판을 허용했다.

어렸을 때 어머니를 여의고 외삼촌 콜랴의 손에 자란 유리는 모스크바 대학에서 안과 의학을 전공한다. 그리고 청소년 시절 6년간 한집에서 같이 살아 서로를 속속들이 알고 있는 토냐와 결혼해 아들 사샤를 낳는다.

제1차 세계대전이 발발하면서 군의관이 되어 소도시에 배치된 유리는 어느 날 포탄 파편을 맞고 입원해 있던 병실에서 예전에 멀찍이서 두 번 보았던 라라를 다시 만난다. 첫 번째는 자살을 기도한 여인의 집으로 왕진을 따라갔다가 우연히 보았고, 코마로프스키라는 나이든 사내와도 시선을 마주쳤었다. 두 번째 만남은 라라가 코마로프스키를 권총으로 쏘아 죽이려다 검사에게 총상을 입히는 스벤티스키댁의 크리스마스 파티장에서였다. 그 후 라라는 옛 친구 파샤와 결혼하고 친정 고향인 우랄 지방으로 내려가 함께 교편을 잡았으나 갑자기 파샤가 육군사관학교에 입교하고, 이어 교육기간도 채우기 전에 임관되어 전선에 배치된 후 편지가 끊기자 딸을 모스크바의 지인에게 맡기고 직접 남편을 찾기 위해 서부전선으로 왔던 것이다.

함께 지내는 시간이 많아지면서 유리는 점차 라라의 매력에 사로잡히지만, 파샤의 어린 시절 친구이자 전우 갈리울린으로부터 남편이 포로가 되었다는 말을 전해들은 라라는 온통 딸 생각뿐이다. (1917년) 2월 초순, 각 병실의 환자들이 한곳으로 모여들면서 야전병원에 일대 소동이 벌어진다. 페테르스부르크에서 혁명이 일어났다는 것이다.

어느 날, 유리가 마음속에 품었던 감정을 표현하자 냉정을 찾으라며 나무란 라라는 일주일 후에 병원을 떠난다. 유리도 처자식이 기다리는 모스크바로 돌아와 예전에 근무했던 병원에서 다시 일을 시작한다. 병원은 두 파로 나뉘어져 있다. 유리는 온건파에게는 위험인물, 혁명파에게는 미온적인 인물로 찍힌다.

러시아에 소비에트 정권이 들어서고, 프롤레타리아 독재가 수립되었다는 보도와 함께 포고문이 발표된다. 겨울이 되자 식량과 땔감을 얻기 위해 애쓰면서 옹색하게 지내던 유리는 티푸스에 걸려 2주간 사경을 헤매다 회복된다. 토냐는 유리의 이복동생 예브그라프가 먹을 것을 가져다주었고, '우리 가족'이 한두 해쯤 시골에서 지낼 필요가 있다는 말을 넌지시 흘렸다면서 가만히 앉아 위험을 당할 수는 없으니 동부의 바리니코 마을로 이주하자고 제안한다. 그곳에는 한때 토냐의 할아버지가 소유했던 영지가 있다.

처음에 유리는 이주를 반대했지만, 4월이 되면서 분위기가 심상치 않아지자 유리의 가족은 바리니코를 향해 길을 떠난다. 수주간의 험난한 여정 끝에 목적지에 도착한 그들은 저택 관리인 미쿨리친으로부터 별채를 배정받아 시골 생활을 시작한다.

유리는 봄과 여름에 열심히 농사를 지은 덕택으로 한 겨울에는 훈훈한 난롯가에서 톨스토이, 알렉산드르 푸슈킨*, 스탕달**, 찰스 디킨스*** 등의 작품을 읽으며 지낸다. 그리고 자유를 제약받고 싶지 않아 의사란 사실을 숨겼으나 소문을 듣고 찾아오는 사람들 덕분에 약간의 수입도 생긴다. 하루는 종일토록 숨이 가쁘고 심한 기침으로 고생한 그는 어머니의 심장병을 물려받은 것 같다며 생명이 얼마 남지 않았다는 생각을 하다가 학술적이거나 예술적인 글을 쓰고 싶은 마음이 간절해진다.

유리는 마을에서 가장 가까운 도시 유리아틴의 도서관으로 책을 읽으러 다니다가 우연히 라라를 발견하지만, 열심히 책을 읽고 난 다음에 아는 체를 하려고 했더니 모습이 보이지 않는다. 책들을 반납하러 갔다가 대출증에서 그녀의 주소를 알게 된 그는 어느 날 그녀의 집을 찾아가고, 이어 두 사람은 두 달간의 짧은 밀애를 즐긴다.

---

* **알렉산드르 푸슈킨**(Aleksandr Pushkin, 1799-1837): 러시아 시인, 작가. 민중에 대한 관심을 바탕으로 농노제 하의 나라 안 현실을 정확히 그려내기 위해 노력한 러시아 리얼리즘 문학의 확립자로 손꼽힌다. 주요 작품은 〈대위의 딸〉 등.

** **스탕달**(Stendhal, 1783-1842): 프랑스 소설가. 본명은 앙리 베일(Henri Beyle). 사회의 부정의와 불평등을 파헤치면서 그 모순에 항변하고 반항하는 인간상을 제시. 주요 작품은 〈적과 흑〉 등.

*** **찰스 디킨스**(Charles Dickens, 1812-70): 영국 소설가. 사회 밑바닥의 비참한 현실과 애환을 적나라하게 묘사하는 동시에 세상의 모순과 부정을 우스꽝스럽고 신랄하게 풍자한 것으로 유명하다. 주요 작품은 〈막대한 유산〉, 〈올리버 트위스트〉 등.

　양심의 가책을 느낀 유리가 결별을 선언하자, 라라는 눈물을 흘리며 그의 뜻을 받아들인다. 그러나 아내에게 모든 사실을 털어놓기로 결심하고 귀가하던 유리는 고백을 미루기로 하고 다시 라라의 집으로 향하다가 적군(赤軍)들에게 붙잡혀 군의관으로 강제 징집된다.

　적군 부대에서 여러 해를 복무하던 유리는 마침내 부대를 탈출하고, 라라를 찾아 유리아틴으로 돌아온다. 재회한 두 사람은 수개월간 함께 지내다가 은신처를 찾아 바리키노로 간다.

　우랄 지방에서 적군 지휘관으로 활동하는 라라의 남편 파샤는 누명을 쓰고 쫓기는 처지로 전락한다. 코마로프스키가 나타나 유리와 라라에게 반혁명분자로 죽음을 당하지 않으려면 함께 극동지방으로 가야 한다면서, 유리의 가족은 이미 파리로 피신한 상태이며 동행하면 가족과의 재회를 주선하겠다고 약속한다. 유리는 동행을 간청하는 라라에게 딸을 데리고 코마로프스키와 먼저 떠나면 곧바로 뒤따라가겠노라고 거짓말을 하고 바리키노에 남는다.

　모스크바로 돌아온 지바고는 그로메코 박사의 옛집에서 하인으로 일했던 마르켈의 주선으로 방을 얻어 생활하다가 그의 딸 마리나와 동거를 시작하고, 딸 둘을 낳는다. 근처에서 살고 있는 지바고의 옛 친구 고르돈과 두도로프는 토냐와 마리나 사이에서 오락가락하는 지바고에게 태도를 분명히 하라고 권유한다.

　이복동생 예브그라프의 조언에 따라 한동안 숨어 지내던 지바고는 새로운 직장으로 출근하는 첫날 심장발작으로 길거리에서 세상을 떠난다. 우연히 빈소에 나타난 라라는 예브그라프에게 잃어버린 딸을 찾을 수 없는지 묻는다. 어느 날, 예브그라프의 부탁에 따라 며칠간 부근에 머물며 지바고의 원고를 정리하던 라라가 외출한 뒤 돌아오지 않는다. 강제수용소로 끌려간 것으로 추정된다.

　1943년, 제2차 세계대전에 참전한 고르돈과 두도로프는 우연히 타냐라는 세탁부로부터 살아온 이야기를 듣고는 지바고와 라라의 딸이라고 결론짓는다.

● **유리 안드레예비치 지바고** Yuri Andreyevich Zhivago | 의사이자 시인이며, 이 소설의 표제 인물인 주인공. 한때 부유했던 아버지는 알코올중독자로 전락하여 자살로 생을 마감했다. 어머니가 죽은 후 외삼촌 콜랴에 의해 양육되었으며, 제1차 세계대전과 러시아 혁명 전쟁에 참전한다. 청소년 시절 한집에서 자란 토냐와 결혼하고 두 아이를 낳지만, 군 야전병원에서 근무하는 동안 라라와 만나 운명 같은 사랑에 빠진다. 세 여인과의 사이에 4녀 1남을 남긴다.

● **마리아 니콜라예브나 지바고** Marya Nikolayevna Zhivago | 유리의 어머니. 유리가 열 살 때쯤 세상을 떠난다.

● **니콜라이 니콜라예비치 베데냐핀(콜랴)** Nikolay Nikolayevich Vedenyapin(Kolya) | 유리의 외삼촌(유리 어머니의 동생). 작가가 되어 스위스에 정착했다가 러시아로 돌아와 이곳저곳에서 강연을 하며 지낸다.

● **니키 두도로프** Nicky Dudorov | 유리의 어릴 적 친구. 유리보다 두 살이 많다. 한때 대학에서 러시아 역사와 역사

학 개론을 강의했으나 혁명 후 노동수용소에서 두 번째 형기를 채우다가 제2차 세계대전 때 소령으로 참전한다.

● **미샤 고르돈** Misha Gordon | 유리의 유태인 친구. 지바고의 아버지가 기차에서 뛰어내려 자살하는 장면을 목격한다. 사춘기 시절 그로메코 교수의 집에서 살다시피하며 유리와 토냐와 함께 자랐다. 혁명 후 굴라그(국가교정노동수용소 관리국) 산하 강제노동수용소에 수감되었다가 제2차 세계대전 때 죄수대대에 배치되어 소위로 참전한다.

● **알렉산드르 알렉산드로비치 그로메코** Alexander Alexandrovich Gromeko | 토냐의 아버지. 모스크바 대학의 화학교수. 계속 딸의 가족과 함께 생활한다.

● **안나 이바노브나 그로메코(처녀 시절 이름은 크뤼게르)** Anna Ivanovna Gromeko(nee Krueger) | 토냐의 어머니. 딸 토냐와 유리를 부부로 맺어준다. 제철업자였던 아버지는 유리아틴 부근 바리키노에 큰 영지를 소유했다.

● **안토니나(토냐) 알렉산드로브나 그로메코** Antonina(Tonya) Alexandrovna Gromeko | 그로메코의 딸. 유리(지바고)의 아내.

● **아말리아 카를로브나 기샤르** Amalia Karlovna Guishar | 벨기에 출신 기술자의 미망인. 러시아에 귀화한 프랑스인이며, 딸 라라, 아들 로디아와 함께 모스크바에 정착한다. 1906년 1월, 코마로프스키와 딸의 관계를 어렴풋이 눈치채고 자살소동을 벌이는데, 이 때 유리가 라라를 처음 보게 된다.

● **라리샤(라라) 표도로브나 기샤르(훗날 기혼 이름은 안티포바)** Larissa(Lara) Fyodorovna Guishar | 아말리아 카를로브나의 딸. 유리의 연인이 된다. 어린 시절부터 호감을 교환했던 파샤 안티포프와 결혼하고, 딸 카티야를 낳는다. 유리와의 사이에서도 딸을 낳지만, 임신 사실을 밝히지 않았기 때문에 유리는 딸의 존재를 모른 채 세상을 떠난다.

● **로디온(로디아) 표도로비치 기샤르** Rodyon(Rodya) Fyodorovich Guishar | 라라의 오빠. 육군사관학교 생도. 교장의 졸업선물 비용을 도박으로 날리고 라라에게 코마로프스키를 만나 돈을 빌려오라고 부탁하고, 그 대가로 동생의 요구에 따라 권총과 실탄을 건넨다.

● **빅토르 이폴리토비치 코마로프스키** Victor Ippolitovich Komarovsky | 유리 아버지의 친구이자 유리 아버지를 자

살로 몰고 간 변호사. 아말리아 카를로브나의 죽은 남편 기샤르에 대한 우정을 빌미로 그의 가족을 도우면서 미망인과 불륜을 맺는 한편, 딸 라라에게도 마각을 드러낸다. 1911년, 라라가 스벤티스키 댁의 크리스마스 파티에서 총격 사건을 벌인 이후에는 멀찍이에서 도움을 준다. 유리는 총격이 일어난 파티장에서 두 번째로 라라를 보게 된다.

● **파벨 파블로비치(파샤) 안티포프 또는 스트렐니코프** Pavel Pavlovich(Pasha) Antipov or Strelnikov ｜ 철도노동자의 아들. 라라와 결혼한 뒤 함께 우랄 지방으로 이주하여 교편을 잡는다. 육군사관학교를 조기졸업하고 제1차 세계대전에 참전했다가 독일군 포로가 되지만, 전사자로 분류된다. 러시아에 혁명이 일어났다는 풍문을 듣고 탈출한 뒤 귀국하여 스트렐니코프라는 가명으로 혁명대열에 열렬히 참여했으나 누명을 쓰고 도망 다니다가 자살한다.

● **이오시프(유수프카) 기마제트디노비치 갈리울린** Iosif (Yusupka) Gimazetdinovich Galiullin ｜ 철도노동자의 아들. 남편 파샤를 찾기 위해 간호사로 종군한 라라를 알아보고 친구의 전사소식과 유품을 전해 준다. 혁명 때는 백군 장군이 되어 라라의 요청에 따라 많은 사람들의 목숨을 구해 주지만, 얄궂게도 친구이자 전우였던 스트렐니코프와 일전을

벌어 패퇴한다.

● **안핌 예피모비치 삼데뱌토프** Anfim Yefimovich
Samdevyatov | 바리키노에서 지바고 가족을 물심양면으로
도와주는 자본가 가문 출신의 수완 좋은 변호사. 진정으로
혁명을 지지하며 유리아틴 시 소비에트가 신뢰하기 때문에
마음만 먹으면 부정축재가 가능한 위치에 있으나 마다하고
유리아틴 지방 사람들을 열심히 돕는다.

● **아베르시우스 미쿨리친** Avercius Mikulitsin | 모스크바에
서 유배되어 크뤼게르 저택의 관리인으로 살고 있다. 한때
사회혁명당 당원이었으며, 제헌국회의 대의원으로 선출되
기도 했다. 바리키노로 이주한 지바고 가족을 받아들이고
별채를 제공한다.

● **리베리우스 아베르시에비치 미쿨리친** Liberius Avercievich
Mikulitsin | 미쿨리친의 아들. 나이를 속이고 열다섯 살에
제1차 세계대전에 참전했다가 전쟁영웅이 되어 귀향했으며,
빨치산 부대 지휘관이 된다. 빨치산 부대 군의관으로 강제
징집한 지바고에게 호감을 갖고 같은 막사에서 생활한다.

● **쿠프리크 티베르진** Kuprik Tiverzin | 제1차 혁명에 가담

하여 철도 파업을 이끌다가 정치범으로 유배당했으나 제2차 혁명 때는 바리키노 지방 혁명위원회 위원이 되어 두려움의 대상이 된다. 어린 시절 파샤는 아버지가 파업 주모자로 체포되자 티베르진의 집에서 함께 기거한 적이 있다.

● **나디아 콜로그리고바(콜로그리고프)** Nadya Kologrigova (Kologrigov) │ 라라의 여학교 동창. 라라가 코마로프스키의 손아귀에서 벗어나기 위해 어머니 집에서 독립할 때, 동생 리파의 가정교사 자리를 주선해 주고 가족처럼 지낸다. 평민 출신의 거부인 아버지는 작은딸이 학교를 졸업할 때까지 가르친 라라에게 졸업 기념이라며 1만 루블짜리 수표를 선뜻 건네는가 하면, 방을 마련해 주기도 한다.

● **마르켈 쉬차포프** Markel Shchapov │ 그로메코 교수의 옛집에서 하인으로 일했으나 혁명 후 출세해서 무치노이 시 주택관리인이 되며, 라라를 떠나보내고 모스크바로 돌아온 지바고에게 방 한 칸을 마련해 준다. 딸 마리나는 지바고의 구석방을 찾아 이것저것 도와주다가 자연스레 정이 싹트면서 곧이어 동거를 시작하고, 중앙전신국 전신기사 일도 휴직한 채 헌신적으로 지바고를 뒷바라지하면서 딸 둘을 낳는다.

한 편의 서사시요 사랑 이야기이자 역사인 〈닥터 지바고〉는 자신의 의지와 무관하게 러시아 왕정이 붕괴되는 20세기의 격랑 속에서 비극적인 운명과 사랑을 껴안아야 했던 지식인의 초상이자 작가 자신의 자화상이다. 그러나 다른 한편으로 그 속에는 혁명의 폭력성과 개인의 파괴를 신랄하게 고발하는 내용이 녹아들어 있다. 다시 말해, 운명이 얽히고설킨 아주 다양한 등장인물들—철도노동자, 농부, 지식인, 교수, 법률가, 학생, 군인, 부자, 빈자, 등—의 관점에서 역사적으로 아주 중요한 시기를 불러내 의사이자 시인인 지바고의 가슴 저린 사랑을 배경으로 군의 반란, 무자비한 살인과 파괴, 전염병, 굶주림, 추위 같은 비극을 적나라하게 보여주고 있는 것이다.

처음에 유리 지바고는 '혁명이 너무 오랫동안 참고 있던 한숨처럼 의지와는 관계없이 터졌고… 내게 사회주의는… 개인의 혁명이 강줄기가 되어 흘러들어가야만 하는 생명의 바다로… 여겨집니다.… 이제 사람들은 책이 아니라 자기 자신 속에서, 추상이 아닌 실제로 이런 생명을 살아보기로 작정한 것'이라며 그 위대함에 전율하고 찬양하지만, 혁명 후기로 갈수록 점차 그 같은 환상이 깨지고 "혁명을 충동한 사람들에게는 변혁과 격동만이 명확한 것이고, 그들은 세계적인 규모의 일이 아니면 관심을 갖지 않는다" 면서 정작 인간 개개인에게 중요한 '일상적인 삶에 대해 무지해지는' 혁명세력을 비난하게 된다.

유리의 인생 이야기는 불행한 사건의 연속이라고 해도 과언이 아니다. 어렸을 때 부모를 여의고 외삼촌 손에 자라며, 청소년 시절 한집에서 성장한 여자 친구와 결혼하지만, 곧 다른 여인에게 끌려 사랑의 열병을 앓고, 얼떨결에 군의관으로 징집되어 전선으로 끌려가면서 가족과 생이별한다. 전쟁이 끝나고 나서는 먹고 사는 문제를 해결하고 박해를 피하기 위해 시골로 내려가 생활하고, 다시 옛 연인 라라와 만나지만 관계는 오래 지속되지 못하고 어쩔 수 없이 떠나보낸다. 그리고 새로운 여인을 만나 살림을 차리고 아이들을 낳고 취직을 하지만 첫 출근하는 날 심장병으로 길거리에서 쓰러져 생을 마감하는 것이다.

유리의 인생행로를 통해서는 러시아의 근대사가 그대로 펼쳐진다. 역사적으로는 차르 시대에 태어나 제1차 세계대전, 러시아 혁명, 그리고 혁명에 따른 내전과 극단적인 사회 변혁을 온몸으로 겪고, 개인적으로는 부유한 가문에서 태어났으나 아버지의 자살로 인해 극빈자 신세로 전락하고 가족사와 의사 신분 때문에 혁명세력으로부터 의심을 사면서도 고전을 가까이하고 시작(詩作)에 몰두하는 등, 지식인다운 삶을 이어가는 것.

결국 유리의 인생은 한 마디로 짧은 행복의 순간들이 긴 암흑의 기간에 둘러싸인 모습이다. 그의 모든 신념은 줄곧 도전받고, 사랑하는 여인들 누구와도 오랜 관계를 지속하지 못하며 다섯 자녀를 남기지만 라라가 낳은 딸은 존재조차 모른다.

어쨌든 유리는 자신과 가족의 삶에 고통을 안겨준 혁명에 적극적으로 반기를 들거나 불합리한 세상을 탓하기보다는 보편적인 윤리를 바탕으로 자신이 올바르다고 생각하는 삶을 살아가기 위해 한껏 노력하고 실천한 인물이라고 평가할 수 있다.

| 러시아 혁명 小史 |

제1차 러시아 혁명: 1905년 1월 9일, 극심한 공황, 실업자 증가, 폭등하는 땅값, 낮은 임금 등으로 불만이 고조된 페테르스부르크 노동자 14만 명이 왕궁을 향해 평화적으로 시위하다가 군의 발포로 수백 명이 죽고 수천 명이 부상당한 '피의 일요일' 사건이 계기. 이후 페테르스부르크 노동자들이 총파업에 돌입했고 5월에는 각지에서 군과 무력충돌이 벌어졌으며, 10월에는 철도노동자들의 동맹파업이 전국적인 총파업으로 발전하자 니콜라이 2세가 10월 선언을 통해 제헌의회의 창설을 약속하면서 선언을 둘러싼 분열로 혁명은 실패로 막을 내렸다. 혁명 과정에서 자연발생적으로 각 지역 공장들의 동맹파업을 조정하고 지도하는 기구인 소비에트(인민대표자회의)가 구성되었다.

제1차 세계대전(1914-18): 세르비아의 수도 사라예보를 방문하고 있던 오스트리아 황태자가 세르비아 범슬라브주의 비밀결사 청년에게 암살된 사건을 계기로 오스트리아가 세르비아에 선전포고하면서 시작되었다. 프랑스·영국·러시아·미국 등의 연합국과 독일·오스트리아-헝가리 제국·이탈리아·오스만 터키 등의 동맹국이 중심이 되어 싸웠으며, 독일의 항복으로 끝을 맺었다.

제2차 러시아 혁명: 제1차 세계대전 참전으로 계속된 동원령, 가축 징발로 인한 농업 황폐화, 군수공업 강화에 따른 생필품 감산, 도시의 식량과 연료사정 악화가 계기. 1917년 3월 8일(러시아 구력 2월 23일), 페테르스부르크 시민들이 빵을 요구하며 봉기했고, 진압 명령을 받은 군부마저 시민 편으로 돌아서자 니콜라이 2세는 퇴위를 선언했다. 귀족 중심의 의회인 두마가 임시정부를 수립했으나 실질적인 정부 역할은 소비에트가 맡았다.
6월, 각 지역 소비에트가 모여 제헌의회를 구성했다. 제1당은 사회혁명당, 제2당은 멘셰비키(온건파), 제3당은 볼셰비키(과격파)였다. 사회혁명당과 멘셰비키는 연립내각을 수립하고 안으로는 부르주아지에 영합하는 온건정책, 밖으로는 제1차 세계대전에 계속 참전하는 정책을 펼치면서 인민의 지지를 잃어갔다.
10월, 전쟁 참여를 반대하고 토지 분배와 임금 인상을 약속하는 볼셰비키가 전쟁에 지친 사병·농민·노동자들의 지지를 등에 업고 정부청사·전신국 등의 전략거점을 접수하면서 정권을 장악했다. 그러나 이후 3년간 내전이 이어졌고, 1920년 11월에 가서야 볼셰비키가 승리하면서 비로소 모스크바와 페트르스부르크 지역 너머까지 중앙정부의 권력이 미치게 되었다.

Chapter별 정리 노트

Chapter 1
5시 급행열차

장례행렬이 지나가고 있다. 행인들은 길을 터주거나 성호를 긋기도 하고, 장례식이 성대하다며 어느 집 장례인지 묻는 사람도 있다. 누군가가 지바고 부인이라고 대답한다. 기도를 끝낸 신부가 시신 위에 한줌의 흙을 뿌리자 관 뚜껑을 닫고 못을 박은 다음, 땅에 묻는다. 잠시 후 작은 봉분이 만들어지자 죽은 여인의 아들이 위로 올라가더니 얼굴을 감싼 채 흐느껴 울기 시작한다. 검은 상복 차림의 외삼촌 니콜라이 니콜라예비치 베데냐핀(콜랴)이 다가와 소년을 데리고 묘지를 떠난다.

두 사람은 수도원의 방을 빌려 하루를 묵는다. 한밤중 눈보라가 창문을 흔드는 소리에 잠이 깬 소년이 창밖을 내다본다. 세상은 온통 눈으로 덮혀 길도 엄마의 무덤도 흔적을 찾을 수 없다. 소년은 옷을 입고 밖으로 달려 나간다. 엄마가 더 깊은 땅 속으로 가라앉을까 두려웠던 것이다. 울음이 터진 소년을 외삼촌이 다가와 위로해 준다. 날이 밝자, 두 사람은 외삼촌이 근무하는 지방신문사가 위치한 볼가 강가의 지방 도시로 떠날 준비를 한다.

유라는 어머니 생전에는 아버지가 객지를 돌아다니며 방탕한 생활로 가산을 모두 탕진했다는 사실을 전혀 몰랐으며, 늘 사업 때문에 집을 비웠다는 말만 들었다. 폐결핵을 앓던 어머니는 프랑스와 이탈리아에서 요양을 하곤 했는데, 유라는 두어 차례만 동행을 했고 나머지 어린 시절은 언제나 이 집 저 집을 전전하며 낯선 사람들 속에서 살았다. 한때는 많은 지명이 유라네 가문의 이름을 따서 지어진 시절도 있었으나 하루아침에 모든 영화가 사라지고 몰락해 버린 것이다.

어머니가 죽은 지 2년째 되던 1903년의 어느 날, 유라는 외삼촌 콜랴, 어느 출판사의 잡부 파벨과 함께 한 예술계 후원자의 영지에서 살고 있는 교육자이자 교과서 저자인 이반 이바노비치 보스코보이니코프에게 원고의 저자 교정을 부탁하러 가는 길에 따라가고 있다. 콜랴가 지주와 소작농들 사이에 얽힌 상황에 대해 묻자, 파벨은 농민들을 너무 풀어준 나머지 과격해졌다며 우려를 표한다. 당시 이미 독자적인 사상이 확립되어 있던 니콜라예비치는 독단적이거나 피상적인 신조가 아니라 누구에게든 변혁의 명확한 진로를 제시하고 단번에 깨달음을 줄 수 있는 구체적인 사상을 갈구하고 있었다. 유라는 외삼촌과 함께 있는 것이 좋았다. 자유로운 것을 좋아했고, 무엇이든 첫눈에 본질을 이해했으며, 어떤 생각이 떠오르면 재빨리 표현하는 천부적 재능, 등이 어머니를 연상시켰기 때문이다. 유라는 그 영지에 살고 있는 니키 두도로프를 만날 생각에 들떠 있다.

니콜라예비치와 보스코보이니코프가 대화를 나누며 산책을 하는데, 멀리서 갑자기 기차가 멈추더니 잠시 후에 기적 소리가 들리자 보스코보이니코프가 '이상한 일'이라며 사고가 난 것 같다고 말한다.

유라는 니키를 찾아 나섰으나 보이지 않자 어린 자기를 상대하지 않으려 숨었을 것으로 생각한다. 정원을 거닐던 유라는 어머니가 부르는 듯한 착각에 빠져 숲속으로 내려가 기도하며 어머니를 부르다 감정에 복받쳐 기절한다. 외삼촌이 찾는 소리에 정신을 차린 유라는 아버지를 위한 기도를 빼먹었다는 생각이 불현듯 떠올랐지만 나중으로 미룬다.

열한 살짜리 유태인 소년 미샤 고든은 변호사인 아버지와 함께 사흘째 이등칸 기차를 타고 엄마와 누이들이 먼저 이사 가서 기다리는 모스크바로 향하는 길이었다. 그런데 난데없이 한 사내가 자살하면서 기차가 멈춰 섰다. 풀밭에 뉘어져 있는 자살자 옆에는 그의 친구이자 동행자였던 건장한 몸집의 변호사가 무표정하게 서 있다. 미샤는 자살한 아저씨가 아버지에게 파산법 등에 대해 물어보려고 여러 번 찾아왔기 때문에 그 충격이 더 컸다. 미샤의 아버지는 그 사람이 지바고라는 유명한 백만장자인데 마음씨는 착하지만 무책임하고 방탕한 생활을 했다고 말해 준다. 미샤는 그동안 기차가 큰 역에 설 때마다 매점에서 이런저런 선물을 사다 안겨준 그 아저씨가 마지막으로 건넨 우랄 지방의 광석들이 담긴 조그만 나무상자를 바라본다.

　1장은 주로 여러 등장인물을 소개하고, 도입부에 긴장감을 조성하는 역할을 한다. 이 소설의 첫 번째 이미지, 즉 엄마의 무덤 위에 올라가 오열하는 유라의 모습은 앞으로 무시무시한 사건이 닥칠 것이라는 느낌을 자아낸다. 곧이어 기차 안의 장면을 통해 드러나는 진실, 즉 아버지가 재산을 탕진했다는 사실로 인해 그 긴장감이 여러 시간과 장소를 넘나들며 복잡하게 얽히면서 증폭된다. 파스테르나크는 미샤의 우울한 감정과 짜증, 그리고 유태인이란 신분에 대한 불만을 자세히 묘사함으로써 미샤와 그의 주변 이야기를 자연스럽게 줄거리의 축으로 끌고 간다. 자살한 남자가 지바고라는 사실은 여러 갈래의 줄거리를 한데 묶는 효과와 이 소설의 전체적인 시간 흐름을 설정하는 수단으로 활

용된다. 아버지 지바고에게는 못다 한 이야기가 있었고, 그 이야기는 처자식을 아주 오랫동안 만나지 못했음에도 불구하고 그들과 밀접하게 관련된 것이 분명하다. 파스테르나크는 시간의 역순으로 이야기를 풀어나가는 기법을 취하지만, 앞부분부터 일관되게 사건의 전개에 맞춰 관련된 과거사를 상세히 묘사하고 있다.

이 소설은 제2차 러시아 혁명이 일어나기 16년 전인 1901년부터 시작된다. 당시 토지 소유권, 빈곤, 평등, 종교, 철학, 국민계몽 등의 문제는 러시아정교회 신자이기도 니콜라예비치나 보스코보이니코프 같은 지식인들에게는 중대한 문제였다. 콜랴는 장차 유명한 사상가가 될 인물로 묘사되는데, 여기서 독자는 러시아와 러시아의 상류 계급이 곧 직면하게 될 미래, 즉 유리 같은 사람들이 사회주의 체제 하에서 모든 재산과 사회적 지위를 잃게 되는 미래에 주목할 필요가 있다.

Chapter 2
다른 세상에서 온 소녀

러일 전쟁*이 계속되는 가운데 혁명의 거센 물결이 러시아를 덮쳤다. 그 무렵 벨기에 출신 기술자의 미망인이자 지금은 러시아에 귀화한 프랑스인 아말리아 카를로브나 기샤르 여인이 남매 로디온(로디아)과 라리사(라라)를 데리고 우랄 지방에서 모스크바로 이사를 온다. 라리사는 나디아 콜로그리고바(콜로그리고프)와 같은 여자고등학교에 다닌다. 아말리아는 남편이 남긴 돈으로 변호사 코마로프스키의 권유에 따라 양장점과 근처의 작은 집을 구입한다.

라라는 겨우 열여섯 살이지만 성숙한 몸매에 우아하고 아름다웠으며, 최우수 학생들에게는 학비를 깎아준다는 사실에 자극받아 열심히 공부한 덕분에 성적도 뛰어나다. 도

---

* **러일전쟁**: 1904년 2월, 러시아와 일본이 만주와 조선의 지배권을 두고 벌인 전쟁. 1905년 9월, 미국의 중재로 포츠머스 조약 체결.

움을 핑계로 빈번하게 양장점을 드나들며 어머니와 불륜 관계를 맺고 있는 코마로프스키는 라라에게도 야릇한 눈길을 보낸다. 어느 날, 어머니가 병으로 눕자 코마로프스키는 대신 라라를 댄스파티에 데리고 간다. 코마로프스키의 멋진 왈츠 솜씨에 넋이 나간 라라는 입맞춤을 허용하고 말지만, 이내 후회하면서 모욕감을 느낀다.

그 해 가을, 모스크바의 카잔선 철도노동자들이 파업에 돌입했고, 브레스트선(線) 노동자들도 합류하기로 되어 있었으나 파업위원회는 날짜를 정하지 못하고 있다. 급료를 타러 가던 쿠프리크 티베르진은 보기 싫은 책임자와 마주치지 않기 위해 작업장으로 향하는데, 작업장 밖에서는 사람들이 웅성거리고 안에서는 고함과 어린아이의 비명소리가 새어나온다. 여느 때처럼 작업반장 후돌레예프가 견습공 유수프카를 잔인하게 때리고 있었던 것. 후돌레예프는 티베르진의 어머니에게 두 차례—처녀시절과 미망인이 된 이후—나 청혼했다가 거절당하자 세상을 탓하며 술과 싸움에 절어 살아온 사람이었다. 일전에 티베르진이 작업장에서 이웃집 소년 유수프카를 보호해 주었던 일이 그의 심기를 건드렸던 것이다. 사람들을 밀치고 안으로 들어간 티베르진과 후돌레예프 사이에 험한 말다툼이 벌어졌고, 순식간에 격렬한 싸움으로 이어진다. 사람들이 뜯어말리자 화가 난 티베르진이 뛰쳐나가 파업 개시를 알리는 기관차 수리장의 경적을 울린다. 그가 몇 년 후에 재판을 받으면서 알게 된 사실이지만, 이미 그날 밤부터 파업은 예정되어 있었다. 철도 노동자들이 파업에 돌입했다. 이틀 후 초췌한 모습으로 귀가한 티베르진은 공동주택 수위인 유수프카의 아버지로부터 '고맙다'는 인사와 함께 경찰이 다녀갔다는 말을 듣는다. 어머니(마르파 가브릴로브나)는 황제가 러시아 사회를 개선시키기 위한 칙령에 서명했다는 말을 전한다.

중학생 파샤 안티포프는 아버지가 파업 가담 혐의로 체포된 뒤 티베르진 가족과 함께 살게 된다. 황제의 칙서가 공포되고 얼마 후 몇몇 혁명단체에서 대규모 시위를 계획했다. 시위 예정일에 남녀노소 가릴 것 없이 수많은 군중이 거리로 쏟아져 나온다. 티베르진의 반대를 무릅쓰고 어머니와 파샤도 시위에 동참했다. 시위 군중들이 코사크 기병대의 잔인무도한 공격을 받고 뿔뿔이 흩어진다. 기병대원이 휘두른 채찍에 등짝을 얻어맞은 마르파는 기마병뿐 아니라 온 세상에 대고 욕설을 퍼부었다. 심지어 아들처럼 '똑똑한 척하는 놈들'을 향해서도…

그 해 가을 페테르스부르크를 떠나 모스크바를 찾은 니콜라이 니콜라예비치(콜랴)는 2층 창문에서 허겁지겁 달아나는 시위자들을 내려다본다. 친구 스벤티스키 가족과 함께 지내며 구상중인 책을 쓰기 위해 조용하고 평화스러운 옛 수도를 찾은 것이었으나 종교철학회, 적십자사 등에서

날마다 강연 요청이 들어와 차분히 생각하며 글 쓸 여유가 없을 지경이었다.

페트로프카 지구의 호화주택 2층에 세 들어 살면서 일요일 아침마다 개와 산책을 즐기는 코마로프스키는 친구의 딸이자 어린 라라에게 집착하면 위험하다는 사실을 잘 알고 있으면서도 점점 깊이 빠져들고 있다. 라라는 처음에는 사회적으로 인정받는 그의 대담한 애정 공세에 마음이 빼앗겼으나 점차 두려움에 사로잡히면서 잠을 이루지 못한다. 그리고 날이 갈수록 그를 증오하고 굴욕감을 느끼면서도 그의 욕정을 채워주며 헤어나지 못하고 있다. 코마로프스키는 눈물을 흘리며 진지하게 결혼을 입에 올리기도 했으나 말뿐이었다.

프레스냐에서 봉기가 일어났을 때, 라라는 노동자들의 집결소가 된 이웃집 뜰에서 낯익은 니키 두도로프와 파샤 안티포프 소년을 보았다. 니키는 동급생 나디아의 남자친구였고, 파샤는 일전에 티베르진의 집에서 만났을 때 라라에게 마음을 빼앗긴 모습이 역력했던 소년이었다. 라라네 집은 반란 지역 내에 있었다. 라라의 어머니는 근처의 바리케이드가 포격당하면 무슨 일이 일어날지 모른다는 두려움 때문에 남매를 데리고 양장점을 구입하기 전에 잠시 묵었던 몬테네그로 호텔로 간다. 사방에서 총소리가 들린다. 라라는 이 지역이 봉쇄되었기 때문에 코마로프스키를 만나지 않을 수 있게 된 것이 마냥 좋았다.

1906년 1월 어느 날, 알렉산드르 알렉산드로비치 그로메코 박사의 집에서 실내악 연주회가 열린다. 음악회는 연주자의 친척에게 안 좋은 일이 생겨 빨리 오라는 전갈이 당도하면서 중단된다. 그와 가깝게 지내던 옆방의 기샤르 부인이 자살을 기도했던 것. 그로메코 박사가 연주자와 동행한다. 박사를 따라나섰던 미샤와 유라는 그곳에서 라라와 나이든 사내(코마로프스키)가 은밀한 시선을 교환하며 안도하는 모습을 감지한다. 거리로 나오자 미샤는 유라에게 그 사람이 '너의 아버지'를 죽게 만든 장본인, '너의 아버지와 함께 기차에 타고 있던 변호사'라고 귀띔한다.

: 풀어보기

2장에서는 여러 장소와 인물들 사이를 어지럽게 오가며 사건이 전개되다가 마지막 대목에서 하나의 장면으로 통합된다. 이런 식으로, 처음에는 완전히 별개처럼 보이는 줄거리와 인물 전개의 여러 갈래—코마로프스키의 접근을 놓고 갈등하는 라라, 유라 아버지의 죽음, 파업—가 동일한 이야기의 다양한 측면에 불과하다는 사실이 점점 분명히 드러난다.

철도 파업의 정치적인 의미, 그리고 여러 인물과 파업

의 연관 관계는 현재 단계에서는 모두 불분명하다. 기샤르 부인은 귀족 계층의 일원이지만 생활과 경제적 안정을 위해 코마로프스키에게 의존하고, 라라는 코마로프스키의 노리개가 된 듯한 기분을 느끼며, 유라는 라라에 대한 코마로프스키의 힘을 곧바로 눈치 챈다. 기샤르 가족은 지금 진행되는 정치적 격변의 소용돌이에는 아직 말려들지 않았지만, 라라가 봉기에 가담한 소년들과 안면이 있고 어머니가 호텔로 피난하기로 결정하는 사실은 언제라도 터질듯 들끓고 있는 격변의 커다란 위력을 암시한다. 물론, 최종 결판은 황제의 칙령에 달렸다고 생각하는 사람들도 있지만, 바야흐로 지금 근본적이고 광범위한 변혁이 진행중이란 사실만은 분명하다는 느낌이 사회 전반에 퍼져 있다. 다양한 세부 줄거리들이 얽혀 있는 이야기 구조는 서로 연결되지 않은 사건은 없으며, 어떤 인물의 삶도 별개로 존재하지 않는다는 사실을 예고하는 것 같다. 아울러 기샤르 부인의 자살 기도로 이어지는 다양한 사건들은 크게 유라와 라라를 같은 무대로 끌어들이기 위해 만들어진 것이란 느낌을 준다.

Chapter 3
스벤티스키 씨 댁의 크리스마스 파티

실생활에서 공익적인 일을 해야 한다는 생각이 강했던 유라는 의학을 전공했고, 시간이 나면 시를 썼다. 유라의 인격 형성에 커다란 영향을 미친 외삼촌 니콜라이는 스위스의 로잔에 살고 있었다. 11월 어느 날, 대학에서 늦게 귀가한 유라는 안나 그로메코가 경련을 일으켜 소동이 있었으나 상태가 좋아졌다면서 그를 찾았다는 말을 듣는다. 유라는 안나 부인의 침실로 가서 병세가 호전될 것이라며 안심시키고, 죽음, 부활, 의식, 믿음 등에 대해 말한다.

12월 중순, 건강이 많이 나아진 안나 부인은 이따금 유리와 토냐에게 어린 시절을 보냈던 우랄 지방에 관한 이야기를 들려준다. 스벤티스키 씨의 집에서 크리스마스 파티가 열리기 이틀 전, 안나 부인은 유라와 토냐를 불러 손을 포개 잡고는 꼭 결혼하라면서 울음을 터뜨린다.

1906년 봄, 라라가 코마로프스키와 관계를 맺은 지도

6개월이 지났다. 다음해에는 여학교 졸업반이 된다. 더 이상 그 상황을 참을 수 없게 된 라라는 어머니와 떨어져 살아야겠으니 가정교사 자리를 구해 달라는 편지를 써서 옆자리 친구 나디아 콜로그리고바에게 건넨다. 나디아는 마침 여동생 리파의 가정교사를 구하는 중이었다며 그 자리를 제안한다.

라라가 나디아의 집에서 식구 같은 대접을 받으며 3년을 지낸 어느 날, 오빠 로디아가 찾아와 교장의 졸업선물을 마련하기 위해 동기생들이 모은 700루블을 도박으로 탕진했다며 코마로프스키에게 가서 돈을 구해 달라고 간청한다. 이미 자기가 부탁해 보았으나 라라를 보내라고 말하더라는 것. 라라는 다음날 돈을 마련해 놓겠으니 권총과 실탄을 많이 가져오라며 오빠를 돌려보내고, 돈은 대부호인 나디아의 아버지 콜로그리고프 씨에게 빌린다.

1911년, 전문학교에 재학중인 라라는 여전히 나디아의 가족과 식구처럼 지내고 있으며, 라라에게 빌린 돈을 갚으라고 말하거나 그것을 기억하는 사람조차 없다. 만약 파샤와 시베리아에 유배된 그의 부모를 도와주지만 않았더라도 라라는 이미 그 빚을 모두 갚았을 것이다. 라라의 꿈은 사랑하는 파샤와 나란히 국가시험에 합격하고 결혼한 후에 우랄 지방의 중학교에서 교편을 잡는 것이었다. 리파가 여학교를 졸업했음에도 어쩔 수 없이 계속 월급을 받으면서 살아가야 하는 처지에 회의를 느낀 라라는 그해 크리스마스에 콜로그리고프 씨의 집에서 나와 스스로 삶을 개척하기로 다짐하고 필요한 돈은 코마로프스키에게 받아내기로 결심한다.

그리고 27일, 라라는 코마로프스키가 거절하거나 창피를 주면 죽여버리겠다고 작정하고 권총을 지닌 채 그의 집으로 갔으나 스벤티스키 씨 댁의 크리스마스 파티에 갔다는 말을 듣는다. 먼저 파샤의 집을 찾은 라라는 자기를 파멸에서 구하려면 빨리 결혼하자고 말하고, 파샤가 반색하며 이유를 들려달라고 하자 화제를 돌린다.

유라와 토냐는 병세가 위중한 안나 부인의 고집에 떠밀려 크리스마스 파티장인 스벤티스키 씨 댁에 도착한다. 라라는 코마로프스키의 눈에 띄기를 바라며 카드 게임이 벌어지고 있는 응접실 앞에서 서성거렸지만, 그는 카드에서 눈을 떼지 않았다. 홀 쪽으로 돌아온 라라는 코카라는 젊은 이와 춤을 추면서 그의 아버지가 티베르진 등의 철도파업자들을 기소한 코르나코프 검사였다는 사실을 알게 된다. 새벽 두 시쯤, 한 발의 총성이 울리고 파티장은 아수라장이 된다. 총에 맞은 검사는 괜찮다며 손님들을 안심시킨다. 유라는 총격을 가한 여인과 백발의 크로마코프를 보고 수년 전의 상황을 떠올린다. 잠시 유라가 검사의 상처를 들여다보고 있을 때, 스벤티스키 부인과 토냐가 새파랗게 질린 채

달려와 즉시 귀가하라는 전갈을 받았다며 그를 재촉한다.

유리와 토냐가 집에 도착했을 때, 이미 안나 부인은 세상을 떠난 뒤였다. 부인은 유라의 어머니가 묻힌 교회 묘지에 안장되었다. 유라는 어머니의 무덤 쪽을 바라보며 마음속으로 '엄마'를 불러본다.

유라는 차분하고 사려가 깊은 반면, 라라는 충동적이고 갈팡질팡하는 여인으로 묘사되어 있다. 동시에 유라는 라라와의 우연한 만남들에 당혹스러워한다. 벌써 두 번이나 예사롭지 않은 상황에서 맞닥뜨렸기 때문이다.

코마로프스키에 대한 복수심에 사로잡힌 라라는 일방적으로 끌려 다니는 남녀 관계에 빠진 많은 사람들처럼 분노와 애정을 구분하지 못한다. 콜로그리고프 씨 집에서의 안락한 삶에 불편해하며 독립적인 삶을 꿈꾸면서도 마치 당연한 권리처럼 코마로프스키에게 돈을 요구하러 가는 모습이나 파티장에서 코마로프스키가 낯선 처녀에게 보내는 눈길을 보고 수치심을 느끼는 모습은 아직도 그에게서 완전히 벗어나지 못했다는 증거다.

안나 부인의 죽음을 대하는 유라의 자세는 어머니가 세상을 떠났을 때와는 사뭇 딴판이다. 어머니 때는 세상이라는 울창한 숲속에 혼자 남았다는 사실을 깨닫고 공포감에 휩싸였으나 10여년이 흐르면서 고전과 성서, 역사, 자연과학 등을 공부한 지금은 감정이란 세상에 대한 과학적인 이해에 따라 단련된다는 사실을 깨닫게 되면서 냉정을 유지하는 것. 따라서 이제는 세상에서 두려운 것이 없으며, 자신은 우주와 동등한 위치에 있다고 믿는다.

Chapter 4
피할 수 없는 운명의 시간

라라는 반쯤 의식이 없는 상태로 스벤티스키 부인의 침대에 누워 있고, 코마로프스키는 이런저런 생각을 하며 집 안을 서성대고 있다. 라라의 광적인 행동 때문에 수치스럽고 사회적 지위가 위기에 처했는데도 라라에게 끌린다는 사실이 참담할 뿐이다. 그는 친분이 있는 여변호사의 아파트에 방을 얻어 여전히 고열로 혼수상태인 라라를 옮겨놓는다.

집주인은 처음부터 라라가 꾀병을 부린다며 극도의 혐오감을 나타냈으나 코마로프스키는 딴사람이 된 것 같았다. 라라에게 아무런 요구도 하지 않았으며 앞에 나타나지도 않았고, 도움도 멀찍이서 점잖게 제의했던 것. 콜로그리고프가 찾아와 유학을 떠나는 지인의 거처로 옮기라면서 리파의 졸업 기념이라며 1만 루블짜리 수표를 억지로 손에 쥐어주고 돌아간다. 라라는 건강이 회복되자 콜로그리고프가 소개한 거처로 옮겨간다. 한편, 파샤는 살해 대상이었던 사람이 범인이 형벌을 면하게끔 손을 쓰고 학업까지 도와주는 상황을 도무지 이해할 수 없다.

얼마 후, 라라와 파샤는 결혼했다. 그날 밤새도록 이야기를 나누던 파샤는 라라가 물음에 답할 때마다 영혼이 나락으로 굴러 떨어지는 듯한 느낌이 들었다. 아흐레 뒤, 시험 결과를 통보받은 그들은 우랄 지역의 유리아틴에서 교직을 얻어 이주한다.

제1차 세계대전이 발발하고 두 번째 가을, 이제 유리 안드레예비치라고 불리는 유라는 산부인과 병동 밖에서 아내의 출산을 초조하게 기다리고 있다. 모스크바의 병원들은 부상병들로 넘쳐났고, 산부인과 병동도 예외는 아니었다. 사흘 후 토냐는 아들을 낳았고, 유리는 아내가 무사하다는 사실이 무엇보다 값지게 느껴졌다. 병원으로 돌아온 유리는 원장으로부터 군의관으로 징집될 것 같다는 말을 듣는다.

안티포프 부부는 예상보다 순조롭게 유리아틴에서 자리를 잡았고, 어느 덧 딸 카티야도 세 살이 되었다. 그동안 라라는 성심껏 남편을 섬겼으나 파샤는 부담스러워했고 아내의 오해를 살 것이 두려워 말조차 함부로 하지 않게 되면서 부부 사이에는 서먹서먹한 기운이 감돌았다. 라라와의 관계에 대해 고민하던 파샤는 아내와 딸을 자신의 위선으로부터 해방시켜 주어야겠다고 결심하고 육군사관학교에 입교한다. 그리고 얼마 후, 조기 임관되어 전선에 배치된 파샤의 편지가 끊어진다. 라라는 이곳저곳에 수소문하다가 직접 남편을 찾기 위해 6개월 휴가를 얻어 딸을 모스크바에 사는 리파에게 맡기고 리스키행 병원열차에 간호사로 들어간다. 그곳은 파샤의 마지막 편지에 적힌 발신지였다.

모스크바의 저명인사들로 구성된 위문단의 일원으로 사단을 방문한 미샤 고르돈은 보급마차를 얻어 타고 유리 지바고가 복무하는 야전병원을 찾아간다. 미샤는 한나절만 유리와 보낼 예정이었으나 사방이 독일군에게 차단되면서 본의 아니게 일주일을 머물게 되었다. 유리는 친구에게 전쟁의 참담한 결과와 현대의 전투 기술이 빚은 참상에 대해 들려주었고, 미샤는 유리와 함께 행동하면서 그 광경을 목격할 수 있었다. 밤이 되자 두 사람은 침대에 누워 유태인과 기독교에 대해 많은 이야기를 나눴다.

다음날 저녁, 유리는 후퇴 명령이 떨어졌다며 하루나 이틀 새에 이곳을 떠날 수 있게 되었다는 소식을 전한다. 두 사람은 한밤중에 총성과 고함, 부산한 발소리에 잠을 깬다. 유리가 위생병을 시켜 알아보니 독일군이 전선을 돌파했다는 것이었다. 야전병원은 즉시 철수를 개시했고, 유리는 미샤를 선발대와 함께 먼저 떠나보낸다. 친구와 헤어져짐을 챙기기 위해 숙소로 향하던 유리는 근처에 떨어진 포탄 파편에 맞아 피를 흘리며 의식을 잃는다.

　　2월 하순의 어느 날, 유리와 유수프카 갈리울린 중위
가 입원한 장교 병실로 간호사가 들어온다. 라라였다. 두 사
람은 곧바로 그녀를 알아보았으나 그녀는 그들을 알아보지
못했다. 갈리울린은 파샤가 티베르진네 집에서 살았던 시절
에 친구로 지냈으며, 그 때 라라를 한두 번 만난 적이 있었
다. 갈리울린이 아는 체를 하며 연대본부에서 맡긴 파샤의
유품을 전하자 깜짝 놀란 라라가 남편의 전사 상황을 묻는다.
파샤의 피폭 장면을 목격했던 갈리울린은 그가 포로가 되
었다고 거짓말을 한다.(당시에 적진 깊숙이 전진했던 파샤
안티포프 소위는 후방이 차단되면서 실제로 포로가 되었다.)
그러나 라라는 그의 말을 믿지 않는다.

　　잠시 후에 평정을 되찾은 라라가 유리의 침대로 가서
의례적인 질문을 던진다. 아는 체를 하고 싶었으나 치근덕
거린다는 오해를 받을 것이 두려워 망설이던 유리는 문득
관 속의 안나 부인과 울고 있던 아내의 모습이 떠오르자 통
명스럽게 답하고 만다.

　　그 후 라라는 회진 때마다 유리를 보면 지적이면서 호
기심을 자극하는 부분이 있다고 생각하다가도 남편을 잃은
지금은 아버지 없는 딸을 위해 살아야만 한다고 마음을 다
잡는다. 라라가 갈리울린과의 대화를 통해 알게 된 과거—
티베르진의 집, 1905년 겨울의 봉기 등—에 대한 회상에 잠
겨 있을 때, 각 병실의 환자들이 모여들면서 페테르스부르

크에서 혁명이 일어났다고 외친다.

이 소설의 대다수 젊은 주인공들은 수많은 러시아인이 희생된 제1차 세계대전의 참화 속으로 휩쓸려 들어간다. 러시아군은 그처럼 대규모 전쟁에 참전하기에는 장비가 열악했으며, 많은 병사들은 무기도 부족하고 군화도 신지 못한 채 전투를 벌여야 했다. 이 전쟁은 주인공들에게 여러 방식으로 영향을 준다. 파샤는 불행한 결혼 생활의 탈출구로 삼았고, 지바고는 당국에 소환되어 마지못해 군의관이 되며, 미샤는 상류 사회의 일원이자 유태인이라는 사회적 지위를 진지하게 고민한다.

지바고가 어려운 상황에서 다시 한 번 라라와 조우하자 반가움을 표하려다가 바로 안나 부인의 장례식을 떠올리며 퉁명스럽게 대하는 모습은 이미 마음이 그녀에게 기울었다는 암시다. 파샤의 소식을 듣고서도 커다란 감정의 변화를 보이지 않고 하루빨리 딸을 찾아 우랄 지방으로 가서 학교에 복직하는 것이 급선무라고 생각하는 라라의 실용적인 태도에서는 남편에 대한 사랑이 그다지 강렬하지 않다는 사실이 드러난다. 그녀로서는 파샤의 열렬한 사랑이 교활한 코마로프스키와의 관계로부터 벗어날 수 있는 손쉬운 탈출구였던 셈이다.

유리와 미샤는 긴 대화를 통해 신앙심과 유태인에 대한 사회적 시선을 더욱 깊이 성찰한다. 종교 문제는 혁명 이후에 더욱 중요하게 부각될 것이다. 레닌주의자들은 러시아 국민들이 추종하는 전통적인 종교적 가치를 없애려고 든다. 라라는 부상병들이 혁명 소식을 외치고 다닐 때, 그 혁명이 미래에 끼칠 영향을 인식하지 못한다. 러시아는 돌이킬 수 없는 모습으로 변할 것이고, 따라서 그녀의 인생도 크게 달라질 것이다.

Chapter 5
과거와의 작별

: 줄거리

야전병원은 멜류제예보로 대피한다. 지바고, 라라, 갈리울린을 비롯한 몇몇 사람에게는 대도시 출신의 유능한 지식인이라며 많은 일이 주어졌고, 더불어 지바고와 라라가 함께 지내는 시간도 많아졌다.

유리는 토냐에게 편지를 쓴다. 지금은 우랄 지방 출신의 안티포바라는 간호사와 함께 근무하고 있다. 스벤티스키 씨 댁의 크리스마스 파티에서 검사를 총으로 쏘았고, 당신 아버지를 따라나섰던 어떤 호텔에서 '나와 미샤'가 보았다고 말한 바로 그 처녀다. 당장 집에 가고 싶지만 기차의 좌석이 없다. 다음 주에는 무슨 수를 쓰더라도 떠나겠다는 내용이다. 그러나 유리는 출발 전에 눈물로 얼룩진 토냐의 답장을 받는다. 유리는 안티포바와 우랄 지방으로 가고, 자기는 아들을 건전한 교육 원칙에 따라 잘 키우겠다는 것.

지바고는 급히 답장을 보낸다. 그따위 엉뚱한 생각을

하다니 제정신이 아닌 것 같다. 가족에 대한 일념이 없었다면 참혹한 전쟁터에서 2년이나 살아남지 못했을 것이다. 라라에게 연정 같은 것은 없다. 당신이 오해하는 것을 보면 내 태도에 문제가 있었을지 모르니 그녀가 출장에서 돌아오면 사과해야겠다. 우리는 같은 집에 살고 있지만, 그녀의 방조차 모르는 사이다.

멜류제예보 부근에 위치한 지부쉬노는 러시아의 혁명 임시정부를 인정하지 않고 독립공화국을 선포했으나 임시정부에 충성하는 군대에 붕괴되었고, 잔당들은 인근 산림지대에 야영하고 있었다. 17세기의 문서에도 기록될 만큼 전설과 과장의 근원지였던 지부쉬노에서는 언제나 그 지방 특유의 특징인 미신과 소문이 무성했다. 최근에는 그곳 지도자의 보좌관이 선천적인 귀머거리에 벙어리인데, 때로는 신령의 힘을 얻어 말을 한다는 소문이 떠돌았다.

유리는 모스크바로 떠나기 위해 지역 사령관인 시장의 확인을 받으러 집무실로 갔다. 그곳에는 사령관과 부관, 갈리울린, 새파란 10대의 군사위원이 반란군 진압에 대해 대화를 나누고 있었다. 사령관은 코사크군을 숲에 은신한 반란군 공격에 활용할 계획을 세우고 있었다. 유리는 그들의 대화를 통해 세상 물정 모르는 군사위원의 순진한 태도와 사령관과 부관의 교활한 잔꾀가 혐오스러워 몇 번이나 그 자리를 뜨려고 했다.

"인간들이 알맹이 없고 지루한 웅변과 얄팍한 미사여구를 내던지고 무언의 대자연 속으로 숨어들어 오래도록 뼈가 으스러지는 노동과 깊은 잠에 빠져들 수 있고, 참된 음악과 감정에 몰입한 나머지 말을 잃고도 의사가 소통되는 깊은 침묵 속에 빠져들 수 있다면 얼마나 좋을까!"

유리는 라라와 대화를 나누기 위해 병원으로 사용하는 저택의 하녀 마드무아젤 플레리에게 물어 라라의 방을 찾아가지만 잠을 깨우지 않기로 마음먹고 마을 광장으로 연설을 들으러 갔다.

광장 집회에서는 애송이 군사위원이 지부쉬노가 볼셰비키의 선동에 의해 무질서한 상태에 빠졌다며 조국이 역경을 뚫고 나가야 할 중대 시기라고 주장하자 야유와 동조의 외침이 함께 일어났다.

다음날 저녁, 유리는 라라를 만난다. 그녀는 우랄 지방으로 돌아갈 계획이라면서, 이곳저곳 출장을 다녀보니 장차 위원회가 큰 골칫거리가 될 것이며 농민들의 최대 관심사는 토지 문제이고, 말하는 벙어리 이야기도 참말이란 소문을 들었다고 말한다. 유리는 풋내기 군사위원이 감상적인 호소로 반란군을 회유할 생각을 품고 있으며, 갈리울린이 만류해도 요지부동이라면서 소동이 일어나기 전에 이곳을 뜨자고 말하지만, 라라는 대수롭지 않게 여긴다. 유리는

'혁명이 너무 오랫동안 참고 있던 한숨처럼' 우리의 의지와는 무관하게 터졌으며 모두가 전환점을 맞아 구체적인 현실 속에서 창조적인 생명을 살아가기로 작정했는데, 라라의 신비스럽고 서글픈 눈동자를 보면 미지의 세계를 찾아 방황하는 것 같아 견딜 수 없으니 행복한 표정을 짓기 바란다면서, 누군가가 '당신'을 걱정하거나 괴롭히지 말라고 말한다면 그 자를 때려눕히려고 덤벼들지 모른다고 덧붙이다가 주제넘은 짓이란 사실을 깨닫고 사과한다. 라라는 자기가 과거에 알고 있던 훌륭한 사람으로 돌아가 달라고 애원하고, 일주일 뒤 병원을 떠난다.

갈리울린이 긴츠 군사위원에게 자기가 도착할 때까지 아무 일도 하지 말고 기다리라는 말을 할 작정이었으나 비류치 역의 교환원 콜랴가 기차 신호를 핑계로 전화를 바꿔주지 않는다. 이어 열차를 타고 온 코사크 병사들은 명령이 떨어지자 숲속으로 달려가 반란군을 포위한다. 긴츠 위원은 그 가운데의 재목더미 위로 올라가 조국과 군인의 의무, 그 밖의 여러 고상한 주제에 대해 연설했으나 군중들이 지겹도록 들었던 소리에 전혀 반응을 보이지 않자 혁명군법회의, 반역자, 오합지졸 운운하며 위협한다. 그 말에 흥분한 군중들이 장교들은 여전히 '우리를' 인간 취급하지 않는다면서 체포해 보라며 코사크 병사들에게로 몸을 돌리자 그의 연설을 못마땅하게 여겼던 병사들도 군중과 한패가 되고 만다.

긴츠는 코사크 장교의 호의로 그곳을 벗어날 기회를 얻어 역 쪽으로 향하지만 병사들이 뒤를 쫓자 쓸데없는 자존심과 명예심에 발목이 잡혀 감동적인 연설을 하기 위해 물통 위로 올라섰으나 뚜껑이 내려앉으면서 물통에 걸쳐 허우적대다 한 병사의 총에 맞아 비참한 최후를 맞는다.

유리는 역장이 수하니치에서 갈아타라며 마련해 준 비밀열차에 탑승한다. 기차는 지붕 위까지 사람들로 가득하다. 유리가 수하니치에 도착하자 역무원이 방금 도착한 임시열차의 이등칸에 태워주었다. 지바고의 칸막이 좌석에는 키가 큰 금발 청년과 사냥개가 타고 있었다. 청년은 분명히 러시아 말을 했지만 발음이 어색했고, 묘하게도 어둠 속에서는 말을 하지 않았다. 유리는 새벽녘까지 애정과 따스함이 넘치는 토냐와 집, 중류층이 받아들일 수 있는 혁명에 대한 충성심과 찬양, 전쟁과 공포, 야만성, 그리고 라라에 대해 생각했다.

이튿날 유리는 젊은이의 이상한 대화 버릇과 신체적인 결함 때문에 군에 가지 못했다는 말에 의아해한다. 청년은 수화 알파벳 카드를 보여주며 농아학교의 우수한 학생이고, 상대방의 목 근육을 보고 대화를 나눈다고 말했다. 지바고가 지부쉬노 정부와 모종의 관계가 있지 않느냐고 묻자, 그렇다고 대답한다. 드디어 기차가 모스크바에 도착하고, 젊은이는 즐거웠다면서 '기념품'이라며 사냥한 오리를 건넨다.

　지금 토냐와 라라 사이에서 갈피를 못 잡고 있는 지바고는 라라가 코마로프스키의 손아귀에 있을 때부터 자기도 모르게 어렴풋이 관심을 가졌던 것 같고, 토냐는 아무런 문제가 없어 보이는 편지에서 여자 특유의 직감으로 남편의 숨겨진 욕망을 눈치 챈다. 지바고가 야전병원 생활이 끝나가는 시점에 혁명이 개인과 대중의 삶에 커다란 전환점이 될 것이라고 찬양하고, 더불어 라라도 정직하고 보람된 삶을 영위하기 바란다며 에둘러 속마음을 털어놓으면서 드디어 그녀에 대한 사랑이 모습을 드러낸다. 라라가 어느 정도 그의 고백을 예견하고 두려웠다면서 나무라고 병원을 떠난 것은 그녀 역시 흔들리고 있었다는 증거다.

　지부쉬노 마을의 말하는 벙어리는 러시아 혁명 이후에 농촌 지역을 휩쓸던 대혼란과 유언비어를 상징한다. 마을 사람들은 전설과 신비로운 사건들을 기꺼이 믿으려 하고, 지방정부는 그들의 무지를 이용하는 것.

　긴츠 위원은 민중들과 괴리된 지도층의 행태가 초래할 결과를 암시한다. 전쟁과 혁명으로 산전수전을 모두 겪어 이젠 겁나는 것이 없고 좌익이든 우익이든 사상이라면 결국 자기 진영의 이익을 채우기 위한 공염불에 지나지 않는다는 사실을 눈치 챈 민중의 분노와 냉소를 헤아리지 못하고 소위 지도층이 진부한 공포와 협박을 일삼으면 순진했던 민중이 어떻게 변하는지를 보여주는 것.

모스크바행 기차에 몸을 싣고 전쟁 전에 젖어 있던 따스하고 편안한 가정을 찾아 토냐에게 돌아가는 모습은 유리의 우유부단하고 소극적인 성격을 그대로 보여준다.

Chapter 6
모스크바의 야영지

　모스크바 스몰렌스키 지구의 집으로 돌아온 지바고는 토냐의 따뜻한 환영을 받는다. 저택의 아래층 일부는 농업전문대학에 빌려주었다는 아내의 말에 지바고는 잘한 일이라며 그동안 부자들이 너무 많은 방과 가구를 소유하고 허례허식에 치우쳤다면서, "우리는 방을 더 줄여도 될 것 같다"고 덧붙인다. 토냐에게서 니콜라이 외삼촌이 스위스에서 돌아왔다는 말을 들은 유리는 빨리 만나고 싶어 조바심을 내며, 외삼촌과 친구들을 초대해 파티를 열자고 말한다.

　유리는 갓난아기 때 이후 보지 못한 아들을 보기 위해 방으로 들어간다. 토냐에게 안긴 사샤는 심하게 낯을 가리며 아빠의 뺨을 때리고는 울음을 터트린다. 지바고는 침울하게 방을 나오면서 좋지 않은 예감에 사로잡힌다.

　며칠 후, 지바고는 옛 친구들을 초대하고 선물로 받은 오리와 고르돈이 가져온 알코올로 파티를 연다. 지금 모스크바 사람들은 오리나 술 같은 사치는 생각조차 할 수 없는 비참한 생활을 하고 있다. 지바고는 이웃사람들과 동떨어진 삶은 참된 삶이 아니고 혼자만의 행복은 진정한 행복이 아니라는 슬픈 생각이 들었으며, 옛 친구들이 제 나름의 사상을 내동댕이치고 새로운 개성을 익히려 들면서 부자연스러워진 모습이 개탄스러울 뿐이다.

겨울이 가까워지면서 도시 사람들은 식량이나 땔감 마련이 절박해졌다. 지바고는 앞으로 많은 시련이 다가올 것이고, 어쩌면 죽음이 기다리고 있을지도 모를 일이라고 생각했다. 자질구레한 일상에 쫓겨 바삐 지내지 않았더라면 아마 미쳐버렸을 것이다.

지바고는 성십자 병원에서 다시 일자리를 얻어 환자들의 치료는 물론, 약간의 통계 업무도 맡는다. 의사들은 파가 갈려 있었다. 지바고는 온건파에서는 위험인물, 혁신파에서는 미온적인 인물로 분류되어 어느 쪽에도 속하지 못한다. 세상도 많이 변했다. 병원의 만물수리공이 일급 저격수가 되어 이런저런 훈장을 받고 명예와 권력을 안겨주는 총부리를 주인에게 돌리도록 만드는가 하면, 명문대학 출신의 철학박사에게 난로 수리를 맡기는 것이 마르크스주의다.

지바고의 가족은 위층의 방 세 개를 쓰며 겨울을 나기로 한다. 어느 날, 니콜라이가 허겁지겁 뛰어 들어와 사관생도들과 볼셰비키를 지지하는 병사들 사이에 시가전이 벌어졌다면서 일생에 한 번뿐인 역사라며 꼭 보라고 재촉한다. 잠시 후에는 고르돈이 들이닥쳐 유탄에 맞아죽는 행인들도 생겼으며, 곧 시내통행이 차단될 것이란 소식을 전한다.

사흘째 되는 날 밤, 감기를 앓던 사샤에게 후두염 증세가 나타났으나 시가전 때문에 치료에 필요한 우유나 소다수를 구할 수 없게 된다. 사흘 후, 노동자와 병사들 측이 우세해지면서 비로소 몇 곳의 통행이 재개된다.

여전히 시가전이 계속되고 통행이 차단된 곳들 때문에 지바고는 출근하지 못했다. 10월의 어느 날 늦은 밤, 눈보라를 뚫고 거리로 나간 지바고는 러시아에 소비에트 정권과 프롤레타리아 독재가 수립되었다는 공식 발표가 실린 호외를 보고 충격을 받는다. 그리고 귀갓길에는 큰 사건을 하나 저질렀다. 정부 시설의 연료용으로 쌓아둔 것 같은 나무더미에서 보초의 눈을 피해 대들보를 하나 빼내 집으로 짊어지고 온 것.

호외를 꺼내 장인 그로메코에게 건넨 지바고는 혁명이 '악취 나는 오래된 곪은 상처를 모두 단번에 도려낸 것이자, 수세기에 걸쳐 떠받들던 낡고 부정한 괴물에게 조용히 사형선고를 내린 것'이라고 중얼거린다.

겨울이 왔다. 우울하고, 춥고, 배고픈 계절. 낡은 생활과 새 질서는 여전히 한데 섞이지 못하고 있었다. 여러 종류의 조직과 관공서 등에서 허구한 날 새로운 선거가 실시

되었고, 위원들이 임명되었다. 병원에도 많은 변화가 생겼으며, 지금은 '제2개혁병원'이라고 불린다. 수입을 더 많이 올리기 위해 병원을 그만두면서도 사상이나 양심 등을 운운하는 의사들이 싫었던 지바고는 오히려 '우리 가족의 궁핍'이 자랑스럽다.

대부분의 사람들이 죽으로 연명했다. 토냐는 제빵법을 배웠으나 장사가 시원치 않아 그만두었고, 살림은 계속 옹색해져 갔으며 땔나무가 떨어져 가자 장롱과 장작을 할 지경에 이른다.

지바고는 여자 양말 한 켤레와 코냑 한 병을 진료비로 주겠다는 환자의 집으로 왕진을 간다. 그 집 부인의 병을 티푸스로 진단하고 입원서류를 준비하기 위해 주택위원회 회의장으로 들어간 지바고는 위원과 면담을 요청했다가 파티마 갈리울린이 나오자 깜짝 놀랐지만, 입원지시서의 확인 절차부터 묻는다. 그의 질문을 잘못 이해한 파티마는 지역 소비에트 대표인 데미나 동지가 타고 갈 마차로 환자를 이송할 수 있도록 조치하겠다고 대답한다. 지바고는 고맙다는 인사와 함께 갈리울린 중위의 어머니가 아니냐고 묻는다. 새파랗게 질린 그녀는 신분이 들통 나면 파멸이라며, 아들이 길을 잘못 들었다고 한탄하고는 아들에게서 당신이 라라를 알고 있다는 말을 들었다면서 '좋은 처녀'였다고 덧붙인다.

그 후 한동안, 지바고 가족은 굶주림 속에서 살아간다. 어느 날, 지바고는 공정가격에 장작을 배급받아 마차에 싣고 돌아오다가 갑자기 쓰러진다.

2주간 혼수상태에 빠졌다가 회복되기 시작한 지바고는 아무 생각 없이 아내가 먹여주는 귀하디귀한 흰 빵과 설탕을 받아먹었다. 토냐는 이복동생 예브그라프가 가져온 것들이라면서, 우리가 한두 해쯤 시골에 내려가 지내야 할 필요가 있다는 말을 했다고 전한다. 4월이 되자 지바고 가족은 우랄 지방의 옛 바리키노 영지로 향한다.

: 풀어보기

1917년, 어렵사리 모스크바로 돌아온 지바고는 세상이 엄청나게 변한 것을 깨닫지만, 가족과의 재회, 외삼촌의 재등장으로 행복해한다. 10월 혁명이 발발한 뒤, 화폐는 가치를 상실했고, 삶은 가재도구를 주고 땔나무와 빵을 바꿀 정도로 절박해진다. 지바고 가족 역시 집의 일부에 대한 소유권 등, 전쟁 전에 즐겼던 생활양식의 대부분을 기꺼이 포기하고도 기본적인 생존조차 힘겨울 정도이고, 지바고는 땔감을 도둑질한 범법자가 되고 만다. 그러나 '아무 소란도 피우지 않고… 낡고 부정한 괴물에게 사형선고를 내린 것'이라며 혁명을 찬양하고, 어려운 상황에서도 명분을 내세우며

사욕을 채우는 사람들을 비난하면서 자신의 궁핍을 자랑스러워하는 지바고의 모습은 지나치게 순진하기만 하다.

주택위원회의 회의장이 묘사된 부분에서는 러시아 사회에 변화의 바람이 불어 거주이전의 자유가 제한되고 가족해체가 진행되고 있다는 사실이 분명히 드러난다. 갈리울린의 어머니는 지바고에게 자신의 신분을 다른 사람들에게 밝히지 말라고 간청한다. 자신의 대한 평가는 관계를 맺고 있는 사람들에 따라 좌우된다는 사실을 알고 있기 때문이다. 지바고 일가의 생존 역시 주변 사람들, 예컨대 유리의 이복동생 예브그라프 같은 인물과의 관계에 달려 있는 것도 같은 맥락이다.

Chapter 7
여행

바리키노로 가더라도 뾰족한 수가 없다며 이사를 반대하던 지바고는 결국 아내와 장인의 뜻을 따르기로 한다.

기차역 대합실에는 여행자 행렬이 끝없이 늘어서 있고, 바닥에는 티푸스에 걸려 입원했다가 차도를 보이자마자 내쫓긴 많은 환자들이 나란히 누워 뒹굴고 있었다. 역무원은 지바고에게 우선 여행증명서를 발급받아야 하고, 기차 운행이 너무 뜸하기 때문에 매일 역으로 나와 알아보되 운이 좋아야 탈 수 있으며 기차가 움직이려면 약간의 '기름'(뒷돈)도 처야 한다고 말해 주었다.

기차는 아주 느렸다. 지바고 일가는 화물칸의 구석 자리를 차지할 수 있었으며, 동부전선의 참호 작업에 징집된 노무자 여러 명과 호송병 브로뉴크가 함께 타고 있었다. 그들 가운데 삼촌의 철물점에서 일하다가 삼촌 대신 끌려온 열여섯 살짜리 소년 바샤, 거리에서 민경대의 검문에 걸려

잡혀온 국영주점 출납계 프로호르, 그리고 협동조합주의자 코스토예드가 특히 눈에 띄었다.

지바고는 코스토예드를 초대해 저녁식사를 나누면서 농민들의 생활이 이전보다는 나아졌다고 말한다. 코스토예드는 어디든 철로에서 50마일 정도 떨어진 지역으로 가보면 농민봉기가 일어나고 있으며, 농민들은 백군이든 적군이든 가리지 않고 권력을 가진 자라면 누구와도 싸운다고 반박한다. 혁명 덕분에 오랫동안 꿈꿔왔던 희망—그 누구에게든 아무런 의무를 지지 않고 자기 땅에서 자기 일을 하는 것—이 실현되리라고 기대했으나 오히려 이전보다 훨씬 더 가혹한 멍에가 씌워졌다는 사실을 깨달았기 때문이라는 것. 지바고는 농민들이 잘 살고 있는 것으로 믿고 싶다며 자리를 뜬다.

기차는 러시아 중부 지역을 지나갈 때부터 자주 멈췄고, 보안순찰대원들이 신분증과 짐을 조사하는 일이 잦아졌다. 눈 덮인 철로를 천천히 조심스레 달리던 기차는 폐허가 된 역에 정차했다. 역장은 옆 마을에서 스트렐니코프—사수(射手)라는 뜻—가 지휘하는 적군(赤軍)의 요구를 거부하다가 장갑차 포격을 당할 때 화재를 입은 것이라면서, 기차가 며칠간 움직이지 못할 것이라고 덧붙인다. 철로에 쌓인 눈을 치워야 기차 운행이 가능한데, 인력이 부족하다는 것이다. 기관사와 인솔자는 제설작업에 수병(水兵)과 적군들을 제외한 징집노무자들과 여타 승객들 7백여 명을 동원하기로 결정한다.

지바고 가족도 참여한 제설작업은 사흘간 계속되었는데, 그때가 당시 여행에서 가장 즐거운 시간이었다. 지바고는 눈을 치우다가 언덕 위의 집을 보며 많은 호기심—누가 살고 있을지, 외국으로 달아났을지, 농민들이나 스트렐니코프에게 화를 입지는 않았을지, 등—이 생겼다. 물론, 지금은 누구에게 함부로 궁금한 것을 물을 수도 없고, 설사 묻는다고 해도 대답해 주지 않을 것이다.

기차는 다시 출발했다. 며칠간 지바고는 침상에 누워 잠을 자지 않으면, 명상에 빠지거나 다른 사람들의 이야기를 들으며 보냈다. 어느 새 남쪽에서는 따뜻한 바람이 불어왔다. 작은 역에서도 타고 내리는 승객들이 많아졌다. 북쪽으로 갈수록 갈리울린이 지휘하는 백군이 우세하며, 유리아틴은 이미 점령되었거나 조만간 점령될 것이란 소문이 돌았다.

토냐가 프로호르와 바샤, 브로뉴크 등이 달아났다는 소식을 전한다. 지바고는 그로메코 박사에게 유리아틴에서 접할 상황에 대처하기 위한 방안을 미리 의논하자고 제안한다. 박사는 일전에 호외에 실렸던 포고문이 너무 강경하고 독선적이라 모골이 송연했으나 현실을 제대로 직시해야 한다면서 이제 사유재산의 시대가 끝났다고 단언했다.

　기차는 한밤중에 유리아틴 부근에서 멈춰 섰다. 후텁지근한 공기 때문에 잠을 이루지 못하던 지바고는 기차에서 내려 앞쪽으로 걸어갔다. 기관차는 수병들을 태운 칸들만 끌고 전선으로 가버린 뒤였다. 지바고는 정거장으로 이어지는 길을 찾으려고 서성대다가 병사들에게 체포되어 스트렐니코프의 특별열차로 끌려간다.

　서서히 밝아오는 창밖으로 안나 부인과 라라에게서 많이 들어 친숙했던 유리아틴이 모습을 드러냈다. 지바고는 이런 상황에서 그곳을 보게 될 줄은 꿈에도 생각하지 못했다. 스트렐니코프가 사무실로 들어서면서 방금 죽마고우가 지휘하는 적들을 물리쳤다며, 마치 전쟁놀이를 하는 것 같다고 말하다가 지바고를 보고는 자기 방으로 데려간다.

　독일군 포로가 되었다가 러시아에서 혁명이 일어났다는 풍문을 듣고 탈출을 감행, 귀국한 후에 혁혁한 전과를 거두고 있는 스트렐니코프는 명석한 두뇌와 논리적 사고력을 지녔으며, 정신적 순결과 정의감, 명예를 존중하는 인물이었으나 논리적 해석을 뛰어넘을 만한 통찰력은 다소 부족했다.

　스트렐니코프는 지바고에게 모스크바를 떠나 오지로 가는 이유를 물으며 비아냥댄다. 만약 백군에 대한 향수를 느끼고 있다면 이미 '우리에게' 끝장났으니 실망할 것이다. 당신은 군의관이고 지금은 전시이니 탈영병이다. 그러나 오늘은 약속대로 석방하겠다. 다시 만날 것 같은 예감이 드는 데, 그때는 조심해라. 지바고는 변명하고 싶지 않다며 원하는 대로 조치하라고 답한다. 그들의 대화는 걸려온 전화 때문에 중단된다. 전화는 스트렐니코프가 좀 전에 마주쳤던 소년병 포로를 치료해 주고, 음식도 원하면 주라고 말하는 도중에 끊기고 만다. 스트렐니코프는 옛 제자일지도 모른다며 햇수를 헤아려보고는 예전에 살던 곳으로 시선을 돌리며 생각에 잠긴다. 아내와 딸은 아직도 저곳에 살고 있을까? 과연 만날 수 있을까?…

기차 여행은 여러 부류의 사람을 한 곳에 모으는 역할을 한다. 지바고 일가는 비로소 자신들의 계급과 사회적 지위가 더 이상 확실하지도 안전하지도 않은 새롭고 무질서한 사회로 팽개쳐졌다는 사실을 온몸으로 느낀다. 일전에 지바고가 건넨 포고문을 읽고 혁명의 섬뜩한 실체를 알아차린 그로메코 박사는 유리아틴에서의 생활에 큰 기대를 갖지 않는다.

바샤, 프로호르, 코스토예드, 등의 징집노무자들은 국가의 필요에 의해 마구잡이로 동원되는 개인의 무력함과 국가의 전횡을 보여준다. 코스토예드와의 대화에서 나타나

듯 지바고는 혁명에 대해 여전히 막연한 환상을 갖고 있지만, 스트렐니코프와의 대화에서 의사이자 상류층 출신인 자기가 잠재적인 희생자의 위치에 놓여 있다고 느낀다.

　　이 소설의 등장인물들은 생존 자체를 위해 투쟁하는 과정에서 모두 자신이 예상하지 못했던 처지에 놓이게 된다. 특히 모스크바의 가난한 집안에서 태어난 스트렐니코프는 예전에는 학생운동에 휩쓸리지 않고 학업에만 매진했으나 현실에 불만을 품고 혁명의 편에 과감히 뛰어들면서 무자비한 지휘관으로 변신했다. 비당원이면서도 그 지역에서 단기간에 그 정도 지위에 오르고 공포의 대상이 된 것은 그가 범상한 인물이 아니라는 증거다. 지바고를 심문하며 비아냥댈 때는 반혁명분자를 대하는 냉소적이고 임무에 충실한 군인의 모습이지만, 소년병 포로를 배려하는 모습에서는 인간에 대한 애정이 엿보이기도 한다. 그는 가명을 써서 과거와 결별했지만, 당장이라도 아내와 딸에게 돌아가고 싶다. 그러나 지금 몸담고 있는 새로운 인생을 살아낸 이후에 가서야 중단되었던 그 삶으로 돌아갈 수 있다고 생각하는데, 그럴 가능성은 없어 보인다.

Chapter 8
도착

　기차로 돌아온 지바고의 눈에 우랄 지방 사람들은 모스크바와는 달리 더 친절하고, 모두들 서로 잘 아는 사이인 것처럼 보였다. 토냐는 남편이 무사히 돌아오자 크게 기뻐하며 처음에는 많이 걱정했지만 보초병이 상황을 알려줘 안심하고 있었다면서, 새로 탄 승객들 가운데 한 사람을 소개했다. 이름은 삼데뱌도프. 토냐에 의하면, 볼셰비키당원이고, 지바고와 지바고의 아버지, 토냐의 할아버지, 그리고 라라에 대해서까지 알고 있다.

　기차가 움직이자 삼데뱌도프는 도시 이곳저곳을 가리키며 설명해 주면서 곧 정이 들게 될 것이라고 말한다. 지바고가 이곳에서 살지 않고 바리키노로 가는 길이라고 답하자, '부인'에게 이미 들었다면서 '크뤼게르 영감님'과 너무 닮아 첫눈에 손녀란 것을 알아보았으며, 이곳 사람들은 모두 영감님을 잘 알고 있다고 덧붙인다.

변호사여서 지역 사정에 밝다는 삼데뱌도프의 말에 지바고는 요즘처럼 모든 것이 국유화된 시대에도 일거리가 있느냐며 의아해한다. 삼데뱌도프는 명목상으로는 몰라도 실제로는 여전히 인간이 살아가고 조직이 움직이려면 많은 물건이 필요하고 서로의 이해도 상충하게 마련이기 때문에 자기 같은 인물이 요구되며 이곳 사람들 절반 정도는 자기 덕에 먹고 산다고 답하고, 지바고 일가가 왜 바리키노에 가는지 대충 짐작이 간다면서 순진하고 낭만적인 생각 같다는 견해를 피력한다.

삼데뱌도프가 기차에서 내리자 토냐는 틀림없이 도움이 될 사람 같다며 흡족해한다. 지바고는 스트렐니코프를 비롯해 이곳 사람들이 토냐가 크뤼게르의 손녀란 사실을 알고 있다는 점이 꺼림칙하다고 걱정한다.

토르퍄나야 역에서 내린 승객은 지바고 일가뿐이었다. 역장이 다가와 '우리의 은인' 삼데뱌도프 씨가 '최선을 다해 도와드리라'는 전화를 걸었다며 반갑게 맞이하고, 바리키노로 간다는 말을 듣자 마차를 수배하고는 토냐가 낯이 익다면서 아무에게도 크뤼게르와의 관계를 밝히지 말라고 충고한다.

미쿨리친 부부가 집 마당으로 들어설 때, 지바고 일가를 태운 마차가 당도했다. 한동안 어색한 침묵이 흐르다가 미쿨리친이 입을 열었다. 이 넓은 세상에서 왜 하필이면 우리 집을 찾아왔느냐는 것. 그리고는 양쪽 진영에서 모두 자기를 적대시하기 때문에 생활이 말이 아닌데, 지바고 일가까지 나타났으니 이젠 죽게 생겼다면서도 숲속으로 내몰아 곰의 먹이가 되게 할 수는 없다며 집 안으로 불러들인다.

지바고 가족은 미쿨리친 부부와 차를 마시며 담소하는데, 미쿨리친의 아내가 물리학에 관한 질문을 계속 던지자 지바고가 어떻게 그리 많이 알고 있느냐고 묻는다. 학창시절 사모했던 안티포프라는 훌륭한 과학 선생님께 배웠으며, 부부교사였고 자원입대 후에 전사했다는 소식이 전해졌으나 '천벌 받아 마땅한' 스트렐니코프가 선생님의 망령이란 헛소문도 있다는 대답이 돌아왔다.

지바고 일가는 또다시 과거와 맞닥트린다. 한때 토냐의 할아버지가 소유했던 영지로 돌아온 것. 역장이 지주 출신과의 인척관계가 밝혀지면 위험하다며 주의를 주는 장면은 지바고가 역에서 보았던 겉모습과 달리 혁명 사상이 작은 마을까지 파고들어 인정을 말살시키고 있는 현실을 보여준다. 그리고 위험하긴 해도 낡은 집 한 채와 약간의 채소를 가꿀 만한 땅뙈기 정도는 얻을 수 있다는 생각이 없지 않았던 지바고가 삼데뱌도프에게 자기 가족에 대한 미쿨리친의 반응이 어떨지 물었을 때, 당장 먹을 것도 없는 지경에 처해 있는 미쿨리친이 설사 '당신들을 죽인다 해도 나는 탓할 수 없다'고 답하는 장면에서는 '게걸스런 기생충들'에게 죽을 때까지 혹사당해 왔던 굶주린 민중들의 분노를 가늠할 수 있다.

토냐의 가계를 숨기기 어려운 작은 마을에서 만나게 된 사람들의 반응은 저마다 달랐다. 가장 중요한 인물 미쿨리친은 처음에는 지바고 일가의 출현에 아주 곤혹스러워하지만 곧 마음을 누그러뜨리고 그들을 받아들이면서 이타적인 모습을 보인다.

파샤의 이름은 여기서 또 한 번 간접적으로 언급된다. 우랄 지방의 많은 사람들이 전혀 딴판인 '훌륭한 과학 선생님' 파샤와 '천벌 받아 마땅한' 스트렐니코프의 연관성을 인식하지 못하지만, 두 이름에 모두 친숙하다는 점은 분명하다. 이 부분의 줄거리는 지바고 일가에 초점이 맞춰져 있지만, 파샤와 그의 아내가 언급되었다는 점은 라라가 다시 등장할 가능성을 암시한다.

Chapter 9
마리키노

겨울이 깊어지면서 여가시간이 많아진다. 지바고는 심한 육체노동을 하며 바삐 움직일 때, 여러 시간 동안 쉬지 않고 땅을 파거나 마차에 몸을 싣고 심하게 흔들릴 때, 스쳐 지나가는 사상 따위를 적어놓지 않고 잊어버린다는 것은 손해라면서, 새롭게 시작한 생활에 대한 상념을 글로 적는다.

'우리 가족'의 토지 사용과 벌목은 나라의 재산을 훔치는 것이기 때문에 불법이다. 과거에 크뤼게르의 재산이었다는 사실은 도둑질의 핑계가 되지 않는다. 이런 생활이 가능한 것은 미쿨리친이 눈감아주고 도시에서 멀리 떨어져 있는 덕분이다. 그리고 자유를 방해받고 싶지 않아 누구에게도 의사란 사실을 밝히지 않았지만, 소문을 듣고 멀리서 진찰을 받으러 오는 사람들 덕택에 계란이나 버터 등의 부수입이 생겼다. 그러나 '우리 가족'과 미쿨리친 부부에게 가장 큰 도움을 주는 사람은 삼데뱌도프였다.

첫 해, '우리 가족'은 봄과 여름에 열심히 일한 덕분에 감자, 콩, 무 등을 풍성하게 수확했고, 그 결과 훈훈한 겨울을 보내면서 밤에는 고전문학 작품들—톨스토이의 〈전쟁과 평화〉, 푸슈킨의 시적 소설 〈예프게니 오네긴〉, 스탕달의 〈적과 흑〉, 찰스 디킨스의 〈두 도시 이야기〉 등—을 읽었다.

봄이 멀지 않았다. 토냐가 임신한 것 같다. 아내와의 사이가 멀어졌던 적은 없었지만, 힘겨운 한 해를 보내면서 더욱 가까워졌다. 아내는 유능하고, 강하고, 현명한 여자란 사실을 깨달았다.

건강이 심상치 않다. 오한이 나고 기침을 했으며, 하루 종일 숨이 가빴다. 한평생 심장병을 앓았던 어머니께서 물려주신 약한 심장의 징후가 이제 나타나는 것 같다. 건강이 회복되는 대로 도서관에 가서 이 지방에 관한 책을 읽고 싶다. 꿈속에서 들었던 어떤 여인의 목소리가 계속 들려왔다.

'나'는 '내' 일을 하면서도 후세에 떳떳이 남길 수 있는 작품을 쓰고 싶다. 학술적인 것이든 예술적인 것이든 관계 없다. 이 세상에는 지금 미사여구가 난무하지만, 상상력이 전무한 싸구려 허식에 불과하다. 참으로 위대한 것은 천재의 손길로 변모된 지극히 흔해빠진 것들뿐이다.

봄이 오고 농사 준비가 시작되었다. 겨울까지는 글쓰기를 중단해야 한다. 어느 날 갑자기 예브그라프가 나타났다.

동생이 삼데뱌도프보다 거물인 것은 알았으나 어디서 무슨 일을 하는지는 모르겠다. 어쨌든 '우리'가 편히 살도록 도와주겠다던 약속대로 '우리' 생활은 점점 나아져갔다.

지바고는 유리아틴 시립도서관에서 대출한 책들 가운데 몇 권을 훑어보다가 여직원의 재채기 소리가 계속 이어지자 고개를 들었다. 그런데 맞은편에 등을 돌리고 앉아 그 여직원과 나직이 대화하는 여인의 모습이 눈에 띄었다. 바로 라라 안티포바였다. 그 순간 다가가고 싶은 충동을 느꼈으나 이상하리만치 위축되었다. 애써 마음을 진정시키고 한동안 독서에 열중하다가 말을 붙이려고 고개를 들었으나 그녀는 사라지고 없었다. 그는 라라가 반납한 마르크시즘 입문서들 사이에 끼워져 있는 대출증에서 주소를 발견하고 적어두었다.

5월 어느 날, 시내에서 일을 마친 지바고는 갑자기 라라를 찾아가기로 마음먹는다. 문을 들어서자 우물가에서 물지게를 짊어진 라라의 모습이 눈에 들어왔다. 라라는 그가 이곳에 온 지 1년이 넘었다는 사실을 이미 알고 있었다며, 열람실에서도 보았다고 덧붙인다. 지바고가 "왜 아는 체를 하지 않았느냐?"고 묻자, "당신은 나를 보지 못했느냐?"고 되물었다. 지바고를 현관으로 안내한 라라는 열쇠 숨겨두는 곳을 가르쳐준다.

지바고는 우랄 지방에 도착하던 날이 떠올라 무심코

스트렐니코프와 만난 이야기를 털어놓았다. 무자비한 군인이나 열혈 혁명가라고 생각했으나 어느 쪽에도 속하지 않는 인물이었다며 어쩌다가 볼셰비키와 손을 잡았을 테지만, 이용만 당하다가 결국 비극적인 종말을 맞을 운명이라는 것이다. 라라는 그동안 정권이 바뀔 때마다 방화, 약탈, 폭력, 등 온갖 추악한 일들이 벌어졌는데, 백군 치하에서는 장군이 된 갈리울린 덕분에 많은 사람을 구해 줄 수 있었다면서 늘 그렇듯 종국에는 훌륭한 사람보다는 속물들이 권세를 잡더라며 안타까워했다.

　라라는 스트렐니코프가 남편 파샤 안티포프이고 그의 생각에 동조하는 쪽이라면서, 처자식이 살고 있는 곳에 포탄을 퍼붓고 정체가 드러날 것이 두려워 가족의 안위에 대해 알아보지 않는 것은 이해할 수 있으며, '당신'은 그가 '우리'를 사랑하지 않고 잊은 것이라고 생각하겠지만 사실은 그 반대이고 '어린애'처럼 '개선장군의 영예'를 안고 돌아와 '우리'에게 영광을 바치려는 것이라고 말한다.

　말을 타고 집으로 향하는 길. 라라의 집에서 하룻밤을 묵고 아내에게는 일 때문에 삼데뱌도프의 집에서 잤다고 거짓말을 한 것이 벌써 두 달 전이다. 그동안 라라와는 아주 심각한 사이가 되었고, 끔찍한 죄책감에 시달리다가 모든 사실을 털어놓기로 결심하고 라라에게 이별을 고하자, 원하는 대로 하라는 대답이 돌아왔었다. 그런데 불현듯 라라에게 미련을 남기고 왔을지도 모른다는 생각이 고개를 쳐들면서 지바고는 고백은 나중으로 미루고 과거를 확실히 청산해야겠다며 말머리를 돌렸다. 갑자기 총성이 들렸고, 말을 탄 무장병 셋이 길을 막아서며 '의료노동자'로 징집하겠다면서 그에게 말에서 내리라고 명령했다.

9장에서는 인간이란 혼자서는 살아갈 수 없고, 인간사는 그물망처럼 얽혀 있다는 세상의 이치를 보여준다. 이 같은 상황은 다소 인위적이긴 해도 삼데뱌도프와 이복동생의 도움을 받게 되는 지바고 가족의 생활, 그리고 갈리울린의 도움으로 많은 사람을 살려주었고, "정권이 바뀔 때마다 새 정권에 친구나 연고가 있었는가 하면, 슬픔과 실망이 찾아오기도 했고… 사람들이 확실히 두 진영으로 갈라서고 적대시하는 것은 책에나 씌어 있을 뿐이지 실제로는 모든 것이 뒤얽혀 있더라"는 라라의 말에서도 드러난다.

지바고가 라라를 보자마자 말을 붙이지 않는 것은 속마음을 들키고 자칫 그녀에게 빠져 양심의 가책 속에게 살아가게 될 것을 어렴풋이나마 본능적으로 감지했기 때문인 것 같다.

지바고와 라라의 대화에서는 두 사람의 성격이 대비된

다. 지바고는 자기 개인과 가족을 중심으로 생각하며 이상
적이고 소극적인 반면, 라라는 혁명의 관점에서 세상을 바
라보며 실용적이고 적극적이다. 그녀가 '당신과 나의 생각
은 판이하게 다르고, 심각한 문제나 인생철학에서는 상반
된 견해를 갖게 될 것'이라면서, 처자식에 대한 스트렐니코
프의 무관심을 수용하는 것도 그 같은 태도에 기인한다.

　1917년 러시아 혁명 직후 수년간 구체제는 국제적인
지원을 받아 새 공산 정권과 힘겨운 전쟁을 벌였다. 여기서
레닌이 이끄는 공산 소비에트 정권은 적군(赤軍)이고, 보수
세력은 백군이다. 그 과정에서 등장인물들의 인간관계와 일
상생활은 물론, 라라와 지바고의 은밀한 관계에까지 혁명이
개입하는 양상은 개인의 의지와는 무관하게 역사의 소용돌
이에 휘말리게 되는 보통 인간의 무력한 모습을 보여준다.

Chapters 10-11
국도와 '숲속의 형제단'

시베리아에서 가장 역사가 길고 옛날부터 우편 마차가 오가던 국도들은 수많은 마을과 주민들을 연결해 주고 있다. 호다트스코예는 이 국도와 철로가 만나는 교차로에 자리 잡고 있다. 강제노역의 형기를 마친 정치범들은 더 이상 죄수는 아니지만 서부 러시아로 되돌아갈 수 없다는 뜻의 '자유 망명자' 신분으로 이곳에 정착이 허용되었다. 이 지역에 수립된 소비에트 정권은 오래 전에 붕괴되었고, 지금은 백군 지휘관 콜차크 제독이 지배하고 있다.

국도변의 어느 헛간에서는 중앙에서 파견된 협동주의자 코스토예드, 빨치산 대장 리베리우스 미쿨리친, 티베르진, 파샤의 아버지 안티포프 같은 적군들이 불법 집회를 갖고 있으며, 인근 마을에서는 새로 백군 병사로 징집된 자원들이 동네 사람들과 송별회를 열고 있다.

지바고가 빨치산 부대에서 의사로 근무한 지 1년 정도

가 흘렀다. 말로는 강제 징집이었으나 활동에는 아무런 제약이 없었다. 그렇더라도 묶인 몸이기는 매한가지. 그동안 세 차례나 탈출을 시도했고 다시 붙잡혔으나 처벌은 받지 않았다. 지바고에게 호감을 가진 리베리우스가 함께 있는 것을 좋아했기 때문에 같은 막사에서 지냈지만, 지바고는 아주 괴롭고 싫었다.

빨치산 부대는 끊임없이 동부로 이동했다. 때로는 코사크군을 시베리아 서부에서 몰아내기 위해, 또 때로는 백군의 공격을 받고 퇴각하기 위해서였다. 부대가 이동할 때, 반란자들이나 백군 탈영병들이 가세하면서 병력은 1년 동안에 열 배 가량 증가했으며, 겨울에는 발진티푸스, 여름에는 이질, 그리고 계속되는 전투로 부상병들이 늘어나면서 군의관의 업무도 넘쳐났다.

국제적십자협약에 따라 의무병은 전투 참가가 금지되었으나 지바고는 어쩔 수 없이 그 규칙을 어긴 적이 있었다. 주변에서 동료들이 총격을 당하는데, 방관만 한다는 것은 견딜 수가 없었던 것. 그는 옆에 있던 무전병이 사살되자 그의 총을 잡고 차마 정조준은 하지 못한 채 고목나무를 향해 사격했지만 공교롭게도 두 명이 부상을 당했고, 한 명은 죽은 것 같았다. 지바고는 백군 소년병의 시체를 들여다보며 자기가 '왜 죽였는지' 이해할 수 없었다. 그때 소년병이 신음소리를 내며 꿈틀거렸다. 지바고는 소년병에게 죽은 통신병의 옷을 갈아입혀 정성껏 치료해 주었고, 건강이 회복되자 적군(赤軍)에 대해 전의를 불태우는 그를 놓아주었다.

빨치산 부대에 동진 명령이 떨어졌다. 그러나 백군 점령지에서 피난오고 있는 가족들이 합류하지 않으면 이동하지 않겠다고 버티던 부대원들은 가족들의 도착이 임박해지자 이동 준비로 바빠졌다. 지바고는 가족 걱정 때문에 불면증과 두통으로 시달리는 팔르이흐 팜필을 진찰하기 위해 근처 막사로 가던 길에 풀밭에서 잠깐 잠이 들었다가 나지막한 이야기 소리에 잠을 깼다. 적군 반역자들과 백군 대표들이 리베리우스를 적에게 넘기려는 음모를 꾸미고 있었던 것. 지바고는 그들의 이름은 밝히지 않은 채 수석연락장교에게 음모 사실을 알려주려고 했으나 자리에 없었다. 그런데 부대에서는 이미 그 음모가 밝혀져 가담자들은 체포된 상태였다. 그들 사이에 리베리우스의 경호병이 끼어 있었던 것. 지바고는 역겨움이 느껴졌다.

지바고는 팜필의 막사를 찾아갔다. 팜필은 아무 죄도 없는 처자식들이 '나 때문에' 백군들에게 무슨 짓을 당할지 무서워 잠도 자지 못해 미칠 것 같다고 하소연하고, '당신 같은' 부르주아와 장교들을 수없이 죽였지만 특히 한 젊은이에 대한 생각을 떨쳐버릴 수 없다고 한탄한다. 2월 혁명 때 반란 병사들을 전선으로 복귀시키기 위해 물통 위에서

연설을 하려다가 그만 뚜껑이 뒤집혀 물통에 빠져 허우적
거리는 모습에 웃음거리가 되었던 젊은이를 장난삼아 쏘아
죽였는데, 왜 그랬는지 지금 후회가 된다는 것이었다. 지바
고는 팜필이 긴츠 군사위원을 죽인 자라고 생각하며 당시
멜류제예보에 주둔했었는지 물었지만, '기억나지 않는다'는
대답이 돌아왔다.

　　지바고는 빨치산 부대에서의 감금 생활을 추상적인 관
점에서 바라본다. 사슬에 묶여 있거나 감시를 당하지 않지만,
탈출할 수 없기 때문이다. 그리고 세 차례의 도주가 실패한
후에는 달아날 생각도 접어버렸다. 그렇다고 적에 대해 적
개심이 생긴 것도 아니다. 전장에서 마주한 백군들이 어딘
가 낯익은 친근한 사람들처럼 생각되고, 심지어 백군 소년
병을 치료하고 놓아주기까지 하는 것.
　　11장에서는 혁명에 대한 지바고의 반감이 확실하게 표
현된다. 10월 혁명 이후, 사회개혁이 실현되려면 아직도 요
원한 마당에 그 이론을 설명하는 과정에서만 이토록 무서
운 피바다가 필요한 것을 보고는 '가슴에 불이 붙지 않는다'
는 것.

"목적이 수단을 정당화하는 것은 아닙니다. 그리고 인생개조를 부르짖는 사람들은… 인생을 제대로 모르고… 가공원료나 소재 정도로 생각하는 것입니다. 그러나 인생이란… 스스로 끊임없이 갱신되고 개조되고 변모해 나가는 것입니다."

혁명 초기에는 민중을 일깨우고 선동하기 위해 온갖 수단이 강구되었으며, 지식인, 부르주아, 장교들을 향해 무자비하게 증오를 표출하는 팜필 같은 사람들이 필요했다. 그들은 좌익 인텔리들 중에서는 찾을 수 없는 귀한 존재였으며, 그들의 비인간성과 무자비함은 계급의식의 표현이자 프롤레타리아 혁명의 표본처럼 찬양되었다. 결혼하고 농사 짓고 애들이나 기르던 촌부가 이처럼 시대의 요구에 따라 냉혹한 살인기계가 되었다가 가족의 안위 앞에서 다시 평범한 가장으로 돌아와 고뇌하는 모습은 혁명이 초래한 인간성 파괴의 심각성과 민중들의 고통을 적나라하게 보여주고 있다.

Chapter 12
얼어붙은 마가목 열매

팜필의 처자식들을 포함한 부대원 가족들이 숙영지에 도착한 이후, 주력부대를 따라 이동한 지도 제법 시간이 흘렀다. 새로운 숙영지는 빽빽한 침엽수림으로 둘러싸여 있다. 몹시 춥고 음산한 어느 날 아침, 열한 명의 음모자들과 밀주를 제조한 두 명의 위생병이 숲속의 낭떠러지 앞으로 끌려나왔다. 그들은 오랜 구금과 학대로 처참한 몰골이었으며, 자제심을 잃고 욕설을 내뱉으면서도 다른 한편으로는 목숨을 구걸했지만 전원 총살되었다.

이동 시기를 놓친 빨치산 부대는 백군이 포위망을 좁히면서 최악의 상황으로 내몰렸다. 그러나 겨울이 다가오자 백군은 침엽수림을 침투할 수 없었고, 포위망도 압박을 멈추었지만 적군 병사들의 사기는 말이 아니었다.

지바고는 팜필과 피난생활에 찌든 그의 가족을 보러 갔다. 팜필은 아이들에게 매우 헌신적이었으며 도끼날로 여러 가지 목각인형을 만들어주었다. 그러나 가족과 지내며 건강이 호전되었던 팜필은 가족들을 별도의 야영지로 보낼 것이란 소문이 돌자 다시 침울해지면서 이상증세를 보였다.

서쪽 경계지역에서는 전투가 계속되고 있었으나 거리가 멀어 숙영지의 분위기는 평소와 크게 다르지 않았다. 갑자기 숲속에서 여러 발의 총성이 들렸고, 달려가 보니 한쪽 팔과 다리가 절단된 피투성이 사내가 쓰러져 있었다. 그의 등에 묶인 널빤지에는 여러 가지 욕설과 함께 적군의 만행에 대한 보복이라며 항복을 요구하는 협박이 씌어 있었다. 그 사내는 곧 백군의 기습이 감행될 것이라면서, 마을사람들이 당하고 있는 참상을 들려주다가 눈을 감았다.

처자식들의 참혹한 모습을 떠올리며 공포에 휩싸여 있던 팜필은 도끼로 '사랑하는' 가족을 살해하고 말았다. 일부에서는 그를 사형시켜야 한다는 주장도 있었으나 찬성자는 없었다. 팜필은 일그러진 얼굴에 묘한 웃음을 머금고 숙영지를 돌아다니다가 사라져버렸다.

한겨울의 모진 추위가 닥쳐왔다. 지바고가 리베리우스에게 바리키노에 관한 소식을 묻자, '당신이나 우리 가족'의 소식은 없다면서 항상 '자기 일에만' 관심이 있다며 핀잔을 준다. 그리고 코사크군은 현재 모든 전선에서 퇴각중이며 후방의 잔당을 소탕하기 위한 합동작전이 펼쳐질 것이고, 유리아틴은 여전히 백군이 장악하고 있다는 소문이지만 그럴 리 없다고 답한다. 지바고는 가장 없이 살아가기 위해 애쓰는 토냐와 가족을 생각하다가 부대를 떠나기로 결심하고 스키와 탈출용 물품을 숨겨놓은 소나무로 향한다. 경비병에게 '갈증도 나고… 얼어붙은 마가목 열매를 따먹으러 간다'고 둘러댄 지바고는 마가목나무에 도달하자 라라라고 상상하며 '꼭 찾아내겠다'고 다짐하고는 소나무로 가서 물건을 파내 길을 재촉한다.

한쪽 팔다리가 잘린 사내가 전한 '사람을 산 채로 삶아 죽이고, 생가죽을 벗겨 허리띠를 만들고… 죽도록 매질하고 상처에는 소금을 비비거나 뜨거운 물을 퍼붓고… 토하면 그것을 강제로 다시 먹이는' 백군의 잔혹행위는 다시 적군의 잔혹행위를 낳았고, 병사들은 주변에서 벌어지는 참혹한 광경과 소문에 몸서리를 친다. 그리고 극한의 공포는 마침내 인간의 이성을 마비시켜 팜필처럼 처자식들을 제 손으로 살해하는 끔찍한 불행으로 이어졌다.

지바고는 리베리우스가 들려주는 고무적인 전황은 믿지도 않을 뿐더러 관심도 없으며, 오로지 가족과 라라의 곁으로 돌아가겠다는 일념과 아내에게 1년 6개월간 가장의 짐을 떠맡겼다는 사실에 죄책감을 느낄 뿐이다. '자기 일에만' 관심을 갖는다는 리베리우스의 핀잔과 아직도 '겨울에 마가목 열매를 먹고 싶어하는' 귀족근성을 버리지 못했다고 혀를 차는 경비병의 나무람에서는 혁명에 동화되지 못하는 지바고의 힘겨운 앞날이 예견된다. 지바고는 마가목나무에서 전쟁 이후 줄곧 부정해 왔던 라라의 육체적인 형상뿐만 아니라 때 묻지 않은 아름다움과 순수성도 보게 된다.

Chapter 13
조각품들이 있는 집의 맞은편

백군이 적군에 유리아틴을 내주고 퇴각한 지 얼마 지나지 않은 때였다. 지바고는 때가 덕지덕지한 초췌한 얼굴, 긴 머리, 텁수룩한 수염, 낡고 얇은 반팔 옷에 배낭을 메고 지팡이를 짚은 모습으로 그 도시에 도착했다. 멀고먼 여행 길의 절반은 철길을 따라 걸어서 왔다. 도처에 버려진 기차들은 범법자와 정치범들의 은신처 또는 티푸스로 죽은 사람이나 동사자들의 공동묘지로 이용되고 있었다. 지바고는 도중에 음모자들과 함께 낭떠러지에서 총살되었으나 구사일생으로 목숨을 건져 귀향하는 갈루진을 만나기도 했다.

지바고는 라라의 집으로 갔다. 창문들은 예전처럼 흰색이 아니었다. 지바고는 열쇠를 감춰두는 곳에서 열쇠와 쪽지를 발견했다. 쪽지는 지바고가 살아 있다는 소문을 듣고 만나기 위해 카티야와 함께 바리키노로 떠나며, 자기가 돌아올 때까지 이곳에서 기다리라는 내용이었다. 지바고는 그녀가 살아 있다는 사실에 기뻐하다가 불현듯 자기 가족이 그곳에 없다는 뜻으로 받아들이고는 뼈저린 슬픔에 잠기면서 라라가 왜 자기 가족에 대해서는 한 마디도 언급하지 않았는지 의아해한다.

지바고는 수염과 머리를 자르려고 가위를 빌리기 위해 옛 기억을 더듬어 양장점을 찾아갔다. 낯익은 듯한 재봉사는 직접 이발과 면도를 해주면서, 요즘에는 사회가 일주일이 아닌 열흘 단위로 돌아가고, 쓸데없는 말은 하지 않는 것이 상책이며 의사나 선생 행세를 하라고 충고한다. 이야기를 듣다 보니 그녀는 미쿨리친의 처제이자 리베리우스의 이모였다. 지바고는 바리키노의 모든 주민들이 비적단에 총살되었고, 미쿨리친 부부는 바리키노를 탈출했으며, 모스크바 '노인네'는 고향으로 소환되었다는 말에 가족들이 모스크바로 돌아갔다고 추측했다.

지바고는 아궁이에 장작을 넣다가 낙인 흔적을 발견하고 당황한다. 이런 장작은 삼데뱌도프가 도와주고 있다는 증거였다. 지바고는 두 사람의 깊은 관계를 상상하며 걷잡을 수 없는 질투심에 사로잡혔지만 가족 생각으로 어느 정도 평온을 되찾고는 잠을 청했으나 악몽을 꾸었다. 어느 여인에게 정신이 쏠려 위험에 빠진 아들의 울부짖음을 외면하는 꿈과 분주하게 다른 사람들을 보살피면서 가끔 자기에게 의혹의 눈길을 보내는 라라 뒤를 침울한 표정으로 쫓아다니며 횡설수설하는 꿈이었다.

지바고는 고열 때문에 한동안 정신이 오락가락했으나 라라의 정성스런 간호 덕분에 건강이 좋아지고 있었다. 라라는 지바고에게 '가족을 찾아가야 한다'면서도 건강이 회복된 후에 가라며 맞벌이를 제안했다. 두 사람은 인생, 사랑, 전쟁, 혁명 등에 대해 많은 이야기를 나눴다. 지바고가 '남편에 대해' 들려달라고 하자 라라는 바리키노에서 멀찍이 보았을 때 여전히 잘생기고 늠름하고 성실한 모습이었으나 얼굴이 '사상(思想)의 화신'으로 변해 아주 굳어버린 것 같아 마음이 무겁고 섬뜩했다고 말한다. 그리고 '우리는' 성격은 정반대였지만 어릴 때부터 그 사람은 내게 넋이 빠졌고 '나도' 결혼상대로 점찍었던 비범한 인물이었다며, 만약 스트렐니코프가 파샤 안티포프로 되돌아온다면 모든 것을 포기하고 그에게 가겠다고 말했다가 마음에도 없는 소리를 지껄였다며 흐느꼈다.

지바고는 유리아틴에서 일자리를 구했다. 라라는 집안일을 돌보며 카티야에게 글을 가르치는 한편, 교편을 잡기 위해 틈틈이 정치입문서들을 읽었다. 지바고는 라라 모녀를 향한 정이 깊어갈수록 가족에 대한 의무감 때문에 일정한 거리를 두려고 노력했으며, 그렇게 두세 달이 흘렀다. 지바고는, 자신들은 영웅이고 공명정대한 인물인데 '나'는 인간의 노예화를 지지하는 치사한 족속이란 식의 사고방식과는 타협할 수 없다며 직장을 그만두어야겠다면서 곧 체포될 것 같다고 걱정한다. 라라는 티베르진과 시아버지 안티포프가 능히 자기들을 죽일 수 있는 인간들이라며 바리키노에서 1년 정도 숨어 살자고 제안한다. 지바고는 가족이 궁금해 모스크바로 가야겠다며 동행을 제의하지만, 라라는 파샤의 운명이 결정날 때까지 기다리다가 필요하면 도와야 한다며 거부한다.

드디어 토냐의 편지를 받았다. 5개월 전에 보낸 것이었다. 딸을 낳았으며, 가족들은 해외로 추방명령을 받았다. '당신'이 출국허가를 받아 뒤쫓아 오기를 바라지만 그다지 큰 희망을 갖지는 않는다. '나'는 '당신'을 사랑하지만 '당신'은 '나'를 사랑하지 않는다는 사실이 무엇보다 가슴 아프다. '당신만' 좋다면 원하는 대로 살아라. 힘들 때 '내게' 많은 힘이 되어주었던 라라에게 감사의 말을 전해 달라. '나'와는 정반대의 사람이더라.

지바고는 가족을 영원히 다시 보지 못할 것이란 생각이 들자 슬픔과 고뇌에 휩싸이면서 의식을 잃고 쓰러진다.

라라는 지바고가 바리키노로 먼저 갈 것이라고 생각했지만, 라라의 집부터 찾아간다. 가족의 안위(安危)를 확인하고 싶은 마음이 간절했으나 라라를 향한 의도된 열정을 극복하지 못한 것. 그리고 심지어 '당신 몸에 들러붙어 당신의 몸을 해치는 병균'에까지' 질투심이 생기고 '미칠 듯이' 사랑한다고 말했지만, 라라를 토냐보다 더 깊이 사랑한다고는 앞으로도 시인하기 어려울 것이다. 지바고에게 라라란 존재는 사랑과 함께 불같은 질투심을 불러일으키며 항상 냉정하고 거리감이 느껴지면서도 헤어날 수 없는 여인인 것이다. 그리고 정작 지바고와 라라의 속내를 들여다보면 가정을 등지려는 생각은 없는 것 같다. 다만, 파멸의 운명을 타고난 두 사람에게 '마치 영원할 것 같은 정열의 입김이 날아드는 순간은 두 사람이 동시에 인생과 자신에 대해 줄곧 새롭게 발견하고 인식하는 순간'이었고, 그 순간에 충실한 것이다.

작가는 라라의 입을 빌려 전쟁 때문에 세상이 유혈과 통곡의 세계로 변해 버렸으며, 모든 가정이 파괴되고 '우리 세대'가 겪어온 불행이 싹텄다면서, '형체뿐인 엉터리' 대의명분을 위해 광기어린 살육이 합법적인 것으로 찬양되고 개인에게 가장 중요한 평화스런 삶의 기반인 목숨이나 생각, 가정, 도덕률 등은 헌신짝처럼 내던져지는 전쟁의 폐해를 고발하는 한편, 개인의 일상을 순식간에 바꿔버리는 역사의 힘을 간접적으로 보여주고 있다.

참혹한 전쟁과 내전을 온몸으로 경험한 지바고는 이제

더 이상 종교적 또는 정치적인 문제에는 관심이 없으며 혁명과 이상주의에 대한 환상도 내던지고 오로지 생존, 라라에 대한 열정, 가족에 대한 성실의무에만 정신을 쏟게 된다.

토냐는 남편의 예전 편지에서 직감적으로 두 사람의 관계를 눈치 챈 이후로 어렴풋이 질투심이 생겼고 가슴은 아프지만 그들의 사랑을 막을 수 없다고 결론짓고 선택은 남편의 뜻에 맡긴다.

Chapter 14
다시 바리키노로

병원에서 퇴근한 지바고는 코마로프스키가 다녀갔다는 라라의 말에 깜짝 놀란다. 지바고, 파샤, 그리고 라라가 큰 위험에 처해 있지만 자기가 구해 줄 수 있다면서 저녁에 지바고를 만나야겠다고 말한 뒤 돌아갔다는 것이다. 지바고가 만나고 싶지 않다며 나가겠다고 하자, 정말 좋은 수가 있을지도 모른다며 함께 있어달라고 눈물로 애원하는 라라 때문에 결국 코마로프스키를 만난다. 코마로프스키는 지바고가 숙청자 명단에 들어 있는 것을 직접 확인했다면서 건국 준비가 한창인 연해주 극동공화국의 법무장관 자리를 제의받은 자기와 함께 가면 가족 곁으로 탈출할 수 있으며, 더불어 스트렐니코프의 탈출도 돕겠다고 덧붙였다.

며칠간 불안에 떨던 라라로부터 조만간 그들이 체포될 것이란 소식을 전해들은 지바고는 '당신이 제안했던 대로' 바리키노로 가서 한동안 숨어 지내자고 말한다. 라라는 '고맙다'면서, '당신'이 옛날 집에서 살면 얼마나 고통스러울지 알기 때문에 미쿨리친의 집에서 기거하는 쪽을 생각했었다며 반색했다. 그들은 삼데뱌도프에게 말 썰매를 빌려 식량과 간단한 짐을 싣고 바리키노로 이사했다. 미쿨리친의 집은 분명히 최근까지 누군가가 살고 있었던 것처럼 잘 정돈되어 있었다.

카티야가 잠든 것을 확인한 라라는 아무런 희망도 없이 무턱대고 몸을 숨기는 것이라면 유리아틴에서도 가능했다면서 정말 목숨을 건지고픈 생각이라면 코마로프스키의 말처럼 구체적인 계획이 필요하다고 말했다. 지바고가 모든 사회생활이 점차 안정되면 시집을 출판하거나 고전을 번역해서 돈을 벌 수 있을 것이라고 대꾸하자, 라라는 비슷한 생각을 했었다며, 이곳에서 지내는 며칠 밤 동안 두세 시간씩은 '저를 위해 희생해 달라'면서 그동안 들려주었던 시를 정리하라고 부탁했다.

지바고는 라라와의 이별이 점점 다가오고 있으며, 그녀를 잃으면 자기의 삶도 잃게 될지 모른다는 생각 때문에 우울해졌다. 그러나 무엇보다 큰 고통은 밤을 기다리는 일이었다. '모든 사람이 감동의 눈물을 흘릴 만큼 슬픔을 온전하게 시로 옮기고픈 간절한 소망' 때문이었다. 지바고는 밤이 되면 기억하고 있던 시들을 퇴고하고 정리했으며, 새로운 시들도 썼다.

2주일째 되는 날 아침, 라라가 유리아틴으로 돌아가겠다며 짐을 쌌다. 그날 오후, 다시 나타난 코마로프스키는 유리아틴에서 대기중인 극동공화국 정부의 특별열차가 내일 아침 출발한다면서 동행을 제의했으나 지바고는 가지 않겠다면서 라라가 원한다면 데려가라고 대꾸했다. 지바고를 한쪽으로 끌고 간 코마로프스키는 스트렐니코프가 체포되어 총살당했으니 라라와 카티야의 신변도 위험하다면서 '당신'이 동행하지 않으면 라라도 가지 않을 것이라며 도와달라고 간청했다. 지바고는 라라가 코마로프스키와 먼저 떠나면 곧 뒤따라가겠다는 거짓말을 하기로 동의한다.

지바고는 모스크바로 가야겠다고 마음먹는 한편, '영원히 잊을 수 없는 아름다운 당신'의 추억을 후세에 남을 시에 담기 전에는 결코 '이곳'을 떠나지 않겠노라고 다짐했다. 라라를 향한 애절함을 시로 옮기고, 자연이나 일상생활 등에 관해 이따금 글을 쓰며 지내던 어느 날, 말을 찾으러 왔던 삼데뱌토프가 며칠 후 다른 곳으로 데려다주겠다는 약속을 남기고 돌아갔다. 지바고는 글을 쓰다가도 라라에 대한 그리움에 몸부림쳤고, 라라가 옆방에서 부르는 듯한 환청을 듣기도 했다.

며칠 뒤, 낯선 사람이 집 안으로 들어왔다. 낯익은 듯한 모습, 바로 스트렐리코프였다. 그는 쉴 새 없이 말을 했다. 아내와 딸이 이곳에 있다는 소식을 최근에야 접하고 만나러 왔으며, 소문과 보고를 통해 당신과 라라의 관계를 알고 질투심을 느꼈다. 누명을 쓰고 군법회의에 회부될 처지였으나 사태가 호전되면 결백을 밝히기로 결심하고 도피생활을 하던 중 떠돌이 소년의 밀고로 은신처가 탄로 나면서 시베리아를 건너 이곳으로 숨어들게 되었다. 그러나 이곳에도 체포의 손길이 뻗치고 있으니 이젠 끝장이라며 한숨지었다.

그리고 지바고에게는 자기와 말을 섞었다는 사실만으로도 처벌을 피할 수 없다며 당장 바리키노를 떠나라고 경고하고, 라라가 경험한 모든 부정(不正)에 복수하고 마음 속에서 슬픈 기억을 깨끗이 씻어줘 과거로 되돌아갈 수 있도록 하기 위해 가명으로 혁명에 뛰어들었다면서 처자식을 만날 수 있다면 무엇이든 내놓겠다고 덧붙인다. 라라는 이 세상에서 그 누구보다 '당신'을 사랑했다는 지바고의 말에 스트렐니코프는 완전한 자유를 쟁취하면 가족을 만날 수 있다는 생각으로 6년 동안이나 보고픈 마음을 억눌러왔으나 내일 체포되면 끝장이라며 낙담했다.

지바고는 어린 시절 어머니가 그린 수채화가 벽에서 떨어져 깨지는 꿈을 꾸다가 눈을 번쩍 떴다. 꿈결에 총소리를 들은 것 같았지만 개의치 않았다. 느지막이 잠에서 깬 지바고는 커피를 함께 마시기 위해 스트렐니코프를 불렀으나 대답이 없다. 그런데 물을 뜨러 우물가로 가다보니 스트렐니코프가 눈 속에 쓰러져 있었다. 자살한 것이었다.

1920년대의 러시아에서는 새 정부에 대한 반역죄로 수백만 명이 처형되었다. 라라는 스트렐니코프와의 관계 때문에 위험에 처해 있다. 그리고 지주 출신이란 성분 때문에 지바고의 가족은 이미 추방되었고, 공산주의 생활양식이나 사고방식을 배척하며 공산주의자들을 자극하고 있는 지바고도 러시아에 계속 머물면 처형을 피할 수 없다.

이 같은 상황을 훤히 꿰뚫어보는 코마로프스키가 라라와 지바고를 구하기 위해 찾아왔지만 지바고는 아버지와 라라의 옛일 때문에 거부감부터 나타낸다. 목숨이 위험한데도 과거사와 질투심으로 인해 고집을 부리는 모습은 세상물정을 냉정하게 바라볼 줄 모르는 '어린애' 같다. 그러나 바리키노에 정착하고 싶은 그의 꿈은 실현될 수 없고 라라와의 이별이 얼마 남지 않았다는 것을 알고 있기 때문에 결국 라라가 체포되어 이별하기보다는 차라리 목숨을 보존할 수 있도록 떠나보내는 쪽을 선택했다.

지바고는 체포되면 불공정한 재판을 받고 처형되리란 사실을 잘 알고 있는 스트렐니코프에게 라라가 '남편과 견줄 만한 사람은 만나보지 못했으며 함께 살았던 곳으로 돌아갈 수만 있다면 지구 끝이라도 기어가겠다'고 말했다면서 행복한 기분을 안겨준다.

Chapter 15
종막

이제부터는 지바고가 죽기 전, 8, 9년 동안에 펼쳐진 이야기다. 이 시기에는 점차 몸과 마음이 허약해졌으며, 심장병도 악화되고 있었으나 크게 신경을 쓰지 않았다. 지바고는 도중에서 만난 바샤와 함께 남루하고 초췌한 모습으로 모스크바에 나타났다.

그들이 모스크바에 도착한 1922년 봄은 신경제 정책, 즉 러시아 정부가 경제 안정을 명분으로 사회주의 정책을 전면 시행하면서 엄격한 통제 하에 약간의 자유 상업이 허용되던 시기였다. 지바고는 바샤를 인쇄와 디자인 기술학교에 입학시켰다. 그리고 지바고가 집필한 철학, 의학, 종교 등을 다룬 소책자를 바샤가 인쇄해서 친지들의 고서점에 넘겨 생활을 꾸려나갔다. 지바고는 가족을 만나기 위해 파리에 보내달라고 요청했으나 정부의 허가를 얻지 못했고, 가족들의 정치적 사면과 재입국에 관한 청원도 제기했지만 받아들여지지 않았다. 지바고와 바샤의 관계는 전력을 경주하지 않고 포기가 빠르다는 바샤의 올바른 비판을 지바고가 수용하지 않으면서 차츰 나빠졌다. 살던 곳을 바샤에게 넘긴 지바고는 마르켈이 마련해 준 스벤티스키의 옛집 구석방으로 거처를 옮기고 외부와의 접촉을 끊은 채 아주 궁핍한 생활을 이어갔다.

옛날 지바고의 집에서 일했던 마르켈 쉬차포프는 무치노이 시의 주택관리인으로 출세해서 수도와 커다란 페치카가 갖춰진 집에 살고 있었다. 지바고와 그의 집안일을 수시로 돌봐주던 마르켈의 딸 마리나 사이에 차츰 정이 싹텄고, 곧 동거를 시작하면서 두 딸이 태어났다. 이 무렵 지바고는 제멋대로 행동했지만, 마리나는 전신국마저 그만두며 헌신적으로 섬겼다.

근처에는 미샤 고르돈과 니키 두도로프가 살고 있었다. 지바고는 채 마흔도 안 되었는데 동맥경화증에 걸렸다면서, 전형적인 현대의 질병이며 끊임없이 조직적인 표리부동함 속에서 살아야 하는 정신상태 때문이라고 한탄했다. 고르돈은 토냐와 마리나와의 관계부터 확실히 정리해야 하며, 사고방식을 바꿔 직장을 잡으라고 충고했다. 지바고는 살려는 욕구도 강해지고 모든 일도 빠른 시일 내에 해결될 것이라면서, 얼마 전부터 파리에서 뜸했던 편지가 오기 시작했으며 토냐에게도 어떤 변화가 있는 것 같다고 대꾸했다. 이튿날 마리나가 고르돈을 찾아와 지바고의 행방을 물었지만, 모르기는 매한가지였다.

행방불명 후 사흘째 되던 날, 고르돈, 두도로프, 마리나에게 지바고의 편지가 한 통씩 배달되었다. 편지에는 미안하다며 제발 찾지 말라면서, 새롭게 생활할 수 있는 확신이 생기고 직장을 잡으면 지체 없이 돌아오겠다고 씌어 있었다. 그리고 고르돈에게 보낸 편지는 마리나가 복직할 수 있도록 유모를 구해 주라며 돈을 부쳤다는 내용이었다.

지바고는 뜻하지 않게 3년 만에 이복동생 예브그라프를 만났다. 동생은 한동안 숨어 있으라면서 돈과 방을 마련해 주고는 병원 같은 일자리를 찾으러 다녔다. 지바고는 새 직장의 알선이 기약 없이 늦어져 시간적 여유가 생기자 글을 썼다.

지바고가 새 직장에 출근하는 첫날, 만원 전차는 고장 때문에 가다 서기를 반복했다. 답답한 차 안에서 갑자기 가슴이 답답해지며 극심한 통증을 느낀 지바고는 어렴풋이 죽음이 임박했다는 생각이 들자 신선한 공기를 마시려고 밖으로 뛰쳐나가지만 곧 길바닥에 쓰러져 다시는 일어나지 못한다. 그의 시체 주변으로 사람들이 몰려들었다. 고국 스위스로 돌아가기 위해 비자를 받으러 가던 마드무아젤 플레리가 그 옆을 무심히 지나쳤다.

라라와 예브그라프가 관이 놓인 방에서 이야기를 나누

고 있다. 예브그라프는 우연히 이곳에 왔다는 라라의 말을 이해할 수 없다면서도 며칠 더 머물며 형의 원고 정리를 도와달라고 부탁했다. 라라는 그러겠다면서 이틀 전에 이르쿠츠크에서 왔으며, 카티야를 모스크바의 한 기숙학교에 입학시키고 남편이 대학시절 살았던 방을 둘러보기 위해 스벤티스키의 집에 들렀다가 지바고의 죽음을 알았다고 설명하고, 다른 사람에게 맡긴 아이의 행방을 알아낼 수 있는 방법이 없는지 물었다. 이어 혼자 남은 라라는 유해 위에 세 번 성호를 긋고 차디찬 얼굴과 손에 입을 맞추고는 오열했다.

　　라라는 며칠 동안 원고 정리를 돕다가 외출한 뒤 다시는 돌아오지 않았다. 아마 당국에 체포되어 노동수용소로 끌려갔을 가능성이 크다.

　　지바고는 모스크바로 돌아왔다. 고향이기 때문이다. 바샤와 친구들은 지바고의 소극성과 우유부단함, 그리고 체제에 순응하지 못하는 무능을 비판했다. 정식은 아니지만 다시 결혼한 지바고에게 바샤는 토냐와 재결합하기 위해 최선을 다하지 않았다고 나무랐고, 고르돈은 마리나와 토냐에게 모두 못된 짓을 하고 있으며 주위의 현실에 눈감지 말고 잠에서 깨어나 직장을 잡으라고 충고했던 것.

라라는 우연히 지바고의 빈소를 찾게 되는데, 살아 있을 때처럼 죽었을 때도 운명적으로 만나게 되어 있는 것 같다. 그녀는 지바고의 죽음과 동반자로서 살아갈 기회를 잃은 것에 대해 슬퍼하면서 지바고가 왜 억지로 거짓말을 했는지 알고 있다고 말하는데, 당시에는 그녀의 행복과 안전을 위한 뼈아픈 배려였지만 라라의 실종으로 물거품이 되면서 아무런 결실을 맺지 못한 셈이 되고 말았다.

"라라는 북부 지방에 수없이 많은 남녀 공동수용소나 여자수용소로 끌려가 후일에는 찾을 수조차 없게 될 명단의 이름 없는 번호로 이 세상에서 잊혀졌다"는 15장의 마지막 문장은 이 소설을 통틀어 가장 가슴 저미는 부분인데, 덤덤한 무관심 때문에 더더욱 강렬한 호소력이 느껴지는 대목이다. 라라의 인생에서 일어난 비극, 격변하는 러시아에서 부닥치게 되는 비극 가운데 최악의 비극은 뭐니 뭐니 해도 모든 사람들이 겪어야 했던 '인간성 말살'이다.

Chapter 16
에필로그

: 줄거리

1943년 여름, 미샤 고르돈과 니키 두도로프는 모두 강제노동수용소에서 형기를 마치고 장교로 제2차 세계대전에 참전하고 있다. 두도로프에 의하면, 그의 약혼녀 크리스티나는 독일군이 진지로 쓰던 건물을 폭파하고 체포되어 처형당했으며, 유리의 동생 지바고 장군은 기념비를 세워주기 위해 자료를 수집하러 다니고 있다.

부대 세탁부 소녀 타냐가 고르돈과 두도로프에게 살아온 이야기를 들려준다. '내가' 크리스티나를 잘 알고 있다는 말에 지바고 소장이 '나를' 불러 이름과 고향을 묻더니 기적이라며 '내가' 장군의 조카이고 다음에 꼭 데려가 원하는 대학에 넣어주겠다고 말했다는 것.

잠시 중단되었던 타냐의 이야기가 이어졌다. 어머니는 '나의' 친아버지가 아닌 코마로프스키라는 남자와 살았다. 몽고에 은신중인 러시아 각료였던 그는 적군(敵軍)이 진입

하자 어머니를 포함한 모든 가족을 비밀열차에 태워 피신시
켰다. 원래 아이들을 싫어한 그 사람에게 '나의' 존재를 숨겼
던 어머니는 '나를' 기차역 신호수 마르파의 집에 보내 며칠
만 돌봐달라며 맡겼는데, 그 후로는 영영 어머니를 보지 못
했다. 아마 사람들이 하루나 이틀이면 사태가 진정될 것이라
고 어머니를 속인 듯했다.

'나는' 집안일을 도맡아 했고, 마르파 아줌마의 아들
페티야도 돌보았다. 어느 날 한 사내가 찾아와 아저씨를 죽
였다며 소 판 돈을 내놓지 않으면 아주머니까지 죽여버리
겠다고 위협했다. 아주머니는 돈이 지하실에 있다고 속였
다. 강도는 페티야를 인질 삼아 지하실로 내려갔고, 정신줄
을 놓은 아주머니가 잠근 문을 열어주지 않자 아이를 목 졸
라 죽였다. '나는' 밖으로 뛰쳐나가 기차를 세우고 적군 병
사들에게 사건을 알렸으며, 체포된 강도는 철로에 묶어놓
은 채 기차로 치어 죽였다. '나는' 그 기차를 얻어 탔고, 그
이후로는 다른 고아들처럼 이곳저곳을 떠돌아다녔다.

고르돈과 두도로프는 한동안 말이 없었다.

고르돈: 저 세탁부 아이가 누군지 알겠나?
두도로프: 알고말고.

바로 지바고와 라라 사이에 태어난 딸이었다. 그들은

예브그라프가 그 아이를 대학에 보내주겠다고 약속했다니 앞으로도 잘 보살펴줄 것이라고 생각했다.

에필로그는 지바고의 죽음 이후 러시아에서 일어난 여러 사건들을 조명하고, 비록 지바고와 라라는 모두 세상을 떠났지만 그들의 유산은 자식에게 그대로 이어진다는 점을 암시하는 두 가지 목적을 갖고 있다. 고르돈과 두도로프는 유리에 대한 추억을 소중하게 여기고 있으며, 예브그라프가 정리한 친구의 원고를 읽었다. 유리는 자신의 결함과 열정 때문에 절망과 죽음을 맞이한 비극적 주인공이란 새로운 위치에 있지만, 두 사람은 계속 삶을 이어가고 있는 것이다.

어렸을 때부터 어머니와 떨어져 아주 힘겹게 살았던 타냐에게서 고르돈과 두도로프는 혁명과 전쟁이 낳은 결과들을 모두 목격한다. 인텔리겐챠의 딸 타냐는 부모들이 소중하게 여겼던 것들을 더 이상 존중하지 않고 그녀를 진정으로 사랑하지도 않는 사람들 틈에서 어쩔 수 없이 살아야 했으며, 아버지와 똑같이 참담한 심정으로 이곳저곳을 방황해야 했던 것이다. 이제 고통스런 과거와 희망찬 미래의 경계선에 위치한 타냐는 당대의 비극과 새 시대의 희망을 상징한다.

다음 질문에 대해 간단히 서술하시오.(—부분은 참고만 할 것)

1. 지바고와 토냐의 관계, 지바고와 라라의 관계 사이에는 어떤 차이
    가 있는가?

    — 유리와 토냐는 제1차 세계대전 이전인 어린 시절부터 한
    집에서 자랐으며, 토냐의 어머니 안나 부인이 두 사람을 맺
    어주면서 비로소 사랑이 싹트고 결혼으로 이어진 평탄한 관
    계다. 이 시기는 지바고의 인생에서 상대적으로 순수하고 행
    복했다. 그러나 유리와 라라의 관계는 두 차례의 우연한 만
    남이 강렬하게 유리의 마음속에 남아 있다가 전쟁과 혁명이
    라는 절박한 상황을 배경으로 불꽃처럼 타오르지만 숙명적
    인 이별이 예정된 고통스러운 사랑이다.

2. 성격이 다른 많은 인물들이 우연한 사건들에서 마주치는 이 소설에
    서는 운명이 큰 역할을 하고 있는가? 만약 그렇다면 어떤 역할을
    하고 있는가?

    — 이 소설에서는 다양한 등장인물들이 여러 차례 우연히
    만난다. 맨 앞부분에서는 미샤 고르돈이 기차에서 유리 아버
    지의 자살을 목격하면서 유리와 코마로프스키의 인연이 연
    결되고, 유리가 두 차례 기이한 환경에서 라라와 마주치며
    두 사람의 운명적인 사랑과 코마로프스키와의 악연이 이어

진다. 더불어 우연성이 개입된 지바고와 스트렐니코프의 만남, 이복동생 예브그라프의 등장, 예브그라프와 타냐의 만남 등은 이 작품의 전개에서 큰 역할을 하는데, 인간의 삶이 미로처럼 서로 얽혀 있다는 느낌을 주기에는 충분하다.

3.   라라와 코마로프스키의 관계가 어떻게 발단되었는지 추적해 보라.

— 라라가 스스로 노예라고 여길 정도로 코마로프스키는 라라의 초기 삶뿐만 아니라 후기의 삶까지도 좌지우지한다. 열일곱 살 라라는 신문에 이름이 오르내리고 부유하며 세련된 그에게 자기도 모르게 빠져들면서도 그의 손아귀에서 벗어나려고 안간힘을 썼지만, 위기에 몰릴 때마다 어쩔 수 없이 의존하게 되는 자신을 발견한다. 한동안이나마 유리와의 사랑으로 코마로프스키에게서 벗어나는 듯했으나 남편과 자식의 목숨을 건지기 위해 또 다시 그를 따라나서면서 그의 지배에 놓이게 되는 것. 그리고 종국에 가서도 '한 사람은 세상을 떠났고, 한 사람은 자살했으나 내 생애를 뜻하지 않은 범죄의 연속으로 만들어버린 비열한 인간만이 살아남아' 이름 모를 아시아 지방을 뛰어다니고 있었다.

4.   지바고가 자기를 사랑하지 않는다는 토냐의 말은 옳은가? 왜 옳은가, 아니면 왜 옳지 않은가?

— 토냐는 유리와 라라의 관계를 알고 있으면서도 그 점에 대해 유리를 원망하지 않고 오히려 유리가 똑같은 관계를 자신과 갖지 못하는 것에 대해 자책한다. 유리는 토냐를 사랑한다. 따라서 항상 마음속에 남아 있으면서 뼈아픈 고통을 안겨준다. 다만, 라라를 사랑하는 방식과 달리 열정의 척도로는 규정할 수 없을 뿐이다.

5.   지바고가 스트렐니코프에게 라라가 그 누구보다 남편을 사랑했다
고 말하는 이유는?

6.   지바고가 라라와 함께 몽고로 가지 않고 바리키노에 머무는 이유는?

7.   지바고가 파리에 사는 가족들과의 재결합에 열성을 보이지 않는 이
유는?

8.   이야기의 진행 과정 속에서 지바고의 성격은 어떻게 변모하는가?

9.   지바고는 이 소설에서 유일한 주인공이라고 할 수 있는가? 적대역
(소설 · 극 등에서 주인공과 대립되는 역할)이 있는가?

10.   이 소설에서 중요한 주제를 하나 선정한 뒤, 지바고의 성격 전개와
어떤 관계가 있는지 설명하라.

미국에서 1억부 이상 판매된 기적의 논술가이드
클리프노트가 한국에 상륙했다!!

방대한 고전을 하루만에 독파하는 스피드
다락원 명작노트 CliffsNotes™ 시리즈는

▶ 미국대학위원회, 서울대, 연·고대 추천 고전을 알기 쉽게 재구성한 대한민국 대표 논술교과서입니다. ▶ 작품의 핵심내용과 사상, 역사적 배경, 심볼, 작가의 의도 등을 명확하게 정리하여 방대한 원작을 쉽고 빠르게 이해할 수 있게 해줍니다. ▶ 미국에서 리포트, 논술용으로 1억 부 이상 팔린 초베스트셀러의 명성에 비평적 사고와 논리적 글쓰기의 모델을 제시하는 〈一以貫之〉의 논술 노트를 통해 사고 능력, 읽기 능력, 쓰기 능력을 체계적으로 길러줍니다.

★ 〈一以貫之〉 논술연구모임: 대입 논술이 시작될 때부터 학원과 학교에서 논술을 가르쳐온 전문가들의 모임입니다. 현재 서울·분당·평촌·인천·광주·부산·울산 등의 유명 학원과 고등학교의 논술강의 현장에서 학생들이 '자신의 물음'과 '자신의 생각'을 갖고 '자신의 글'을 쓸 수 있도록 도와주고 있습니다.

다락원 명작노트 CliffsNotes™ 시리즈 50권 출간

001 걸리버 여행기　002 동물농장　003 허클베리 핀의 모험　004 호밀밭의 파수꾼　005 구약 성서

006 신약 성서　007 분노의 포도　008 빌러비드　009 이반 데니소비치의 하루　010 카라마조프 가의 형제들

011 순수의 시대　012 안나 카레니나　013 멋진 신세계　014 캉디드　015 캔터베리 이야기　016 죄와 벌

017 크루서블　018 몽테크리스토 백작　019 데이비드 코퍼필드　020 프랑켄슈타인　021 신곡

022 막대한 유산　023 햄릿　024 어둠의 심연 外　025 일리아드　026 진지함의 중요성　027 제인 에어

028 앵무새 죽이기　029 리어 왕　030 파리대왕　031 맥베스　032 보바리 부인　033 모비딕

034 오디세이　035 노인과 바다　036 오셀로　037 젊은 예술가의 초상　038 주홍 글씨　039 테스

040 월든　041 워더링 하이츠　042 레미제라블　043 오만과 편견　044 올리버 트위스트　045 돈키호테

046 1984년　047 이방인　048 율리시스　049 실낙원　050 위대한 개츠비

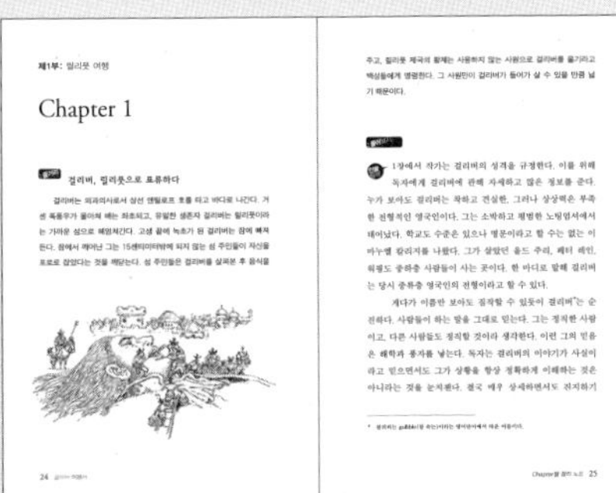

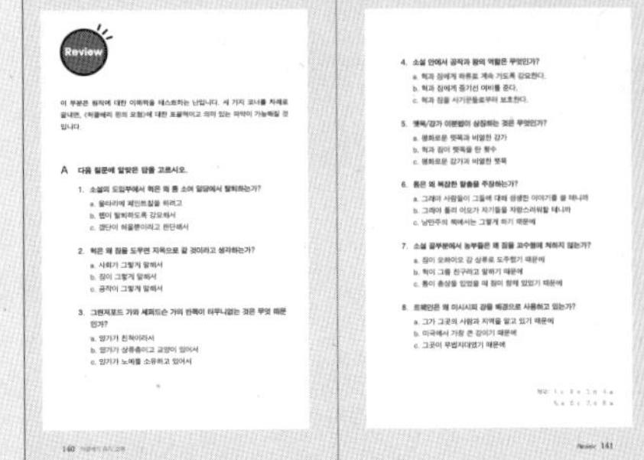

작가 노트 | 작가에 대해 꼭 알아야 할 배경지식이 담겨 있습니다.

작품 노트 | 작품의 개요, 전체 줄거리, 등장인물 등 작품 전반을 이해하는 데 필수적인 부분을 실어 놓았습니다.

Chapter별 정리 노트 | 각 장의 '줄거리'와 '풀어보기'가 들어 있습니다. '줄거리'에서는 원작의 내용을 명쾌하게 파악할 수 있습니다. '풀어보기'에서는 원작에 담긴 문학적 경향, 주제, 상징 등을 다루었습니다.

인물분석 노트 | 등장인물에 대한 보다 면밀한 분석이 들어 있습니다.

마무리 노트 | 작품의 주제 등 보다 넓은 시각에서 작품을 볼 수 있도록 도와줍니다.

Review | 작품 이해도를 묻는 질문 코너입니다. 다양한 질문에 답하다 보면 작품에 대한 포괄적이고 의미 있는 파악이 가능해집니다.

一以貫之 논술 노트 | 권말에는 일이관지 논술연구모임에서 작성한 해당 작품과 관련한 논술 노트가 실려 있습니다. 원작을 우리의 삶과 연계시켜 비판적 사고와 논리적 글쓰기의 방향을 제시합니다.

실전 연습문제 | 해당 작품을 바탕으로 출제 가능성이 높은 논점을 함께 숙고해 봅니다.

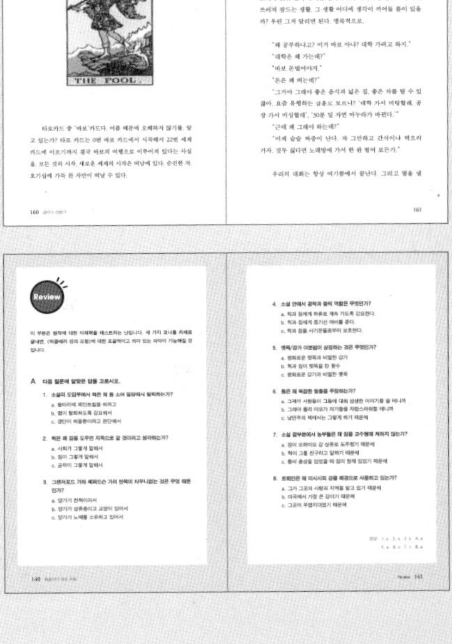

★ 변형 국판　★ 각권 8,500원

행복한 명작 읽기
영어 독해력 증강 프로그램

〈행복한 명작 읽기〉는 기초가 약한 영어 초급자나 초, 중, 고 학생들이 보다 즐겁고 효과적으로 명작들을 읽으며 독해력을 키울 수 있도록 개발된 독해력 증강 프로그램입니다.

책의 특징

1 골라 읽는 재미가 있다. 초보자를 위한 350단어 수준에서 중고급자를 위한 1,000단어 수준까지 5단계 구성.
2 단계별로 효과적인 영어 읽기 요령과 영문 고유의 참맛을 느낄 수 있는 장치가 곳곳에.
3 읽기만 해도 영어의 키가 쑥쑥 – 해석을 돕는 돼지꼬리(↵), 영어표현 및 문법 설명, 퀴즈가 왕창.
4 체계적인 듣기 학습까지. 전문 미국 성우들의 생동감 넘치는 원음을 담은 오디오 CD 제공.

국판 │ **Grade 1, 2, 3** 각권 **6,000원**
(오디오 CD 1개 포함)

Grade 4, 5 각권 **7,000원**
(오디오 CD 1개포함)

*어린왕자 **8,000원**
(오디오 CD 2개 포함)

고도를 기다리며 9,000원
(오디오 CD 2개 포함)

왕초보 기초다지기

쉬운 영문을 통해 영어 독해에 대한 막연한 두려움을 없앤다.

Grade 1　Beginner
350 words

1	미녀와 야수
2	인어공주
3	크리스마스 이야기
4	성냥팔이 소녀 외
5	성경 이야기 1
6	신데렐라
7	정글북
8	하이디
9	아라비안 나이트
10	톰 아저씨의 오두막

Grade 2　Elementary
450 words

11	이솝 이야기
12	큰 바위 얼굴
13	빨간머리 앤
14	플랜더스의 개
15	키다리 아저씨
16	성경 이야기 2
17	피터팬
18	행복한 왕자 외
19	몽테크리스토 백작
20	별 │ 마지막 수업

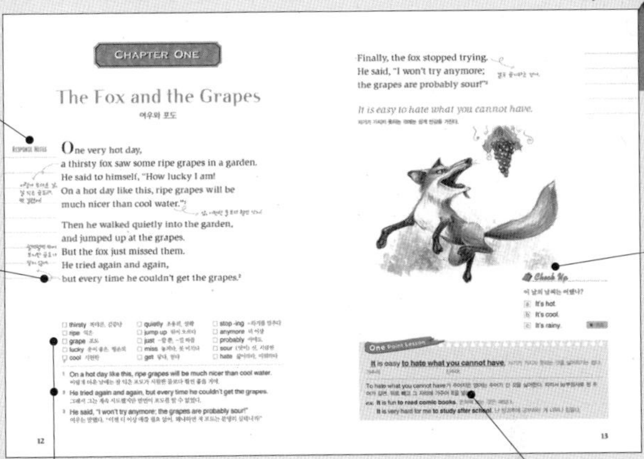

Response Notes
(독자의 공간)
영문을 읽어나가다
궁금한 점, 기억해 두어야
할 점을 메모한다.

해석 도우미
(일명 '돼지꼬리')
꼬리 끝에 해석을 돕는
힌트가 꽂혀 있다.

Check-Up
내용 파악이
잘 되었는지 확인.

One-Point Lesson
주요 문법사항이나 표현에
대한 심층 분석 코너.

주요 어휘 및 문장 해석

실력 굳히기

실력에 맞게 효과적으로 끊어 읽으며 직독직해 훈련을 한다.

영어의 맛
제대로 느끼기

영문판 원서 도전을 위한
전 단계의 준비과정이다.

Grade 3   Pre-intermediate

600 words

Grade 4   intermediate

800 words

Grade 5   Upper-intermediate

1000 words

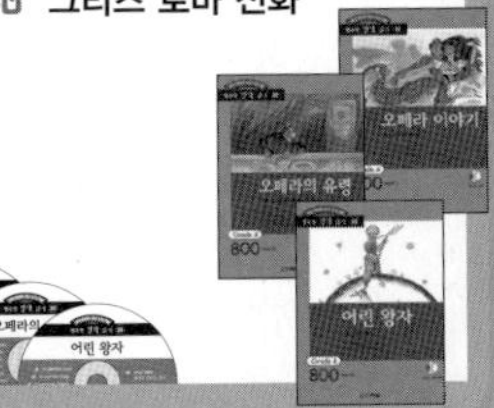

패턴 따라 쉽게 쓰는 틴틴 영어일기 1, 2

❶ **일상생활 패턴정복**
❷ **학교생활 패턴정복**

중학교에 다니는 여학생과 남학생이 각각 일상생활과 학교생활을 중심으로 1년간의 일을 쉽고 재미있게 쓴 영어일기. 중학생이라면 누구나 한번쯤 겪어봤을 만한 일들을 바탕으로 한 다양한 일기 소재와 어휘가 제공되어 있기 때문에, 영어일기를 통해 영작을 연습하려는 학습자에게 큰 도움이 될 수 있는 교재이다. 중·고생뿐만 아니라, 중학 영어를 미리 예습하려는 예비 중학생들에게도 아주 효과적인 영어 학습서로 강추!

□ 정미선 지음 / 4·6배 변형/192면
□ 정가 10,000원 (오디오 CD 1개 포함)

Teen Teen Diary (전3권)

❶ **매일 10단어로 뚝딱 중학생 영어일기**

중1 수준의 어휘와 문장으로, 영어일기와 일상회화에 대한 감각을 익힌다.

□ 정미선 지음 / 신국판 / 144면
□ 정가 7,500원 (테이프 1개 포함)

❷ **매일 5문장으로 술술 중학생 영어일기**

중2 수준의 어휘와 문장으로, 영어일기에 친숙해지고 자신감을 쌓는다.

□ 정미선 지음 / 신국판 / 152면
□ 정가 7,500원 (테이프 1개 포함)

❸ **매일 내맘대로 쓱싹 중학생 영어일기**

중3 수준의 어휘와 문장으로, 중학영어를 마스터하고 미국의 일상회화에 익숙해진다.

□ 정미선 지음 / 신국판 / 144면
□ 정가 7,500원 (테이프 1개 포함)

지니의 미국생활 영어일기 Hello! America (전2권)

❶ **가을학기** ❷ **봄학기**

어느 한국 여학생의 미국생활 이야기를 일기 형식으로 담은 책. 1권은 '가을학기', 2권은 '봄학기'편으로, 총 1년간의 미국 학교생활 및 일상생활에 관한 흥미로운 이야기들이 담겨 있다. 미국 학생들의 실생활을 바탕으로 한 탄탄한 스토리로 살아 있는 현지 영어와 미국문화를 체험할 수 있을 뿐만 아니라, 영어 독해 및 영작 연습을 할 수 있는 아주 유용한 교재이다.

□ 이지현 지음 / 국배판 변형 / 152면
□ 정가 8,500원